CÓMO ESTUDIAR LA BIBLIA

Placer y beneficio del estudio de la Biblia

D. L. Moody

Cómo estudiar la Biblia: placer y beneficio del estudio de la Biblia Editado y adaptado por Isaías Elián Carranza. - 1.a ed. adaptada. -

Traducción de: Sandra Elizabeth García.

Edición y Corrección: Tomás Jara.

Diseño de Portada: Rebeca Ira-P

ISBN: 9798675971435

Edición actualizada, incluye comentarios y apéndice de herramientas digitales.

Información de registro Identificador: 2008165030939

Fecha de registro: Ago-2020

Editorial Digital Ganador de Almas

www.ganadordealmas.com

Una Invitación Especial

Si estas interesado en crecer en tu vida, espiritual, y desarrollar tus dones y talentos para servir a Dios de una manera efectiva, ¡entonces esto puede ser para Ti!

Este libro viene acompañado de una comunidad exclusiva donde podrás hacer preguntas y tener referentes que pueden guiarte en el proceso del crecimiento de la vida cristiana.

Te invitamos a que seas parte de nuestra comunidad de lectores de manera gratuita, a través de nuestro grupo de Facebook. Donde estarás al tanto de los mejores lanzamientos y recibirás premios y contenido gratuito.

Dale click para unirte. Nos vemos ahí!

El enlace a nuestro grupo de Facebook es:
facebook.com/groups/Ganadordealmas

Aquí dejamos el código QR:

Síguenos para más información de nuestro ministerio en Instagram y nuestro canal de Youtube.

Editorial Digital Ganador de Almas

www.ganadordealmas.com

Síguenos en nuestras redes:

Instagram: @Ganadordealmas

Canal de Youtube: Ganador de Almas

Si te gusta este libro, por favor deja una **reseña en Amazon**. Tus comentarios ayudaran a otros creyentes a encontrar este libro más fácilmente, y nos animan e nuestro llamado de publicar libros cristianos, con el fin de motivar, capacitar y movilizar al cuerpo de Cristo a la Obra de Dios.

Dios le bendiga grandemente.

CONTENIDO

Los mandamientos de Jehová son rectos, que alegran el corazón... Deseables son más que el oro, y más que mucho oro afinado; y dulces más que miel, y que la que destila del panal.

Salmos 19: 8;10

PRÓLOGO

Sin lugar a duda, el Sr. D. L. Moody fue un hombre de Dios extraordinario. Es de aquellas personas que, simplemente al conocer o escuchar algo acerca de su vida y obra, te impacta con tal profundidad que es casi imposible no querer imitarle de alguna manera. Lo mas atrayente de Moody es que fue un hombre sencillo, humilde; casi sin preparación académica ni ministerial. Un simple vendedor de zapatos que, de la mano de Dios, logró grandes proezas, como la fundación de un seminario y dos institutos bíblicos que, cada año, albergan en sus aulas y pasillos a más de 3000 alumnos provenientes de distintas partes del mundo. Se calcula que, a través de las campañas y predicaciones que llevó adelante durante su ministerio, Moody les predicó el evangelio a más de 100 millones de personas, y se estima que llegó a ganar un millón de almas para Cristo, una cifra verdaderamente maravillosa para su tiempo, más aún si tenemos en cuenta que, por ese entonces, no existían aviones, ni televisores o teléfonos, y mucho menos redes sociales o streaming.

Entre los hechos destacados de D. L. Moody, podemos mencionar los siguientes:

- Ministró al personal militar durante la guerra civil estadounidense.
- Fundó una de las escuelas dominicales más grandes de su época.
- Fue precursor de la industria editorial cristiana moderna.
- Influenció profundamente la historia religiosa de Gran Bretaña.
- Defendió la educación de mujeres y niños desfavorecidos.
- Predicó el evangelio a más de 100 millones de personas a lo largo de su vida.
- Fue la inspiración para el modelo de ministerio de Billy Graham. Al igual que Moody, Graham predicó a decenas de miles durante las cruzadas, y luego los conectó con la iglesia local para el entrenamiento del discipulado.

Si D. L. Moody fue usado por Dios de tal manera, es porque fue un hombre ordinario que se entregó a Dios de una forma extraordinaria. Una de las evidencias donde se observa su absoluta rendición y entrega es en el estudio de La Biblia y en la oración. Como ya he mencionado, no fue un erudito ni un académico; de hecho, ni siquiera tenía estudios formales; pero algo que sí tenia era hambre y pasión por la Palabra de Dios. Su compañero y amigo, el Dr. R. A. Torrey, cuenta una anécdota acerca de la primera vez que se quedó en su casa: "...Hablamos hasta bien entrada la noche, y luego, después de que los directores y maestros de las escuelas se habían ido a casa, el Sr. Moody y yo conversamos sobre aquellos problemas durante un rato más. Era muy tarde cuando me fui a la cama. Muy temprano en la mañana, a eso de las cinco, oí un suave golpe en mi puerta. Entonces, la voz del Sr. Moody susurró: 'Torrey, ¿estás despierto?'. Aunque no siempre me levanto tan temprano, ese día estaba despierto. Me dijo: 'Quiero que vengas conmigo'. Entonces, lo acompañé. Al llegar, descubrí que él ya había estado despierto durante una o dos horas en su habitación, estudiando la Palabra de Dios.

Oh, puedes hablar sobre el poder; pero si descuidas el único libro que Dios nos ha dado como el único instrumento a través del que imparte y ejerce su poder, no lo tendrás. Puedes leer muchos libros e ir a muchas convenciones, y tener reuniones de oración toda la noche para rogar por el poder del Espíritu Santo, pero, a menos que sigas en constante y cercana asociación con la Biblia, no tendrás poder. Y, si alguna vez lo tuviste, no podrás mantenerlo, excepto por el cotidiano, serio e intenso estudio de ese Libro. Noventa y nueve cristianos de cada cien solo juegan al estudio de la Biblia; y, por lo tanto, noventa y nueve cristianos de cada cien son débiles, cuando podrían ser gigantes, tanto en su vida cristiana como en su servicio.

Debido a su minucioso estudio de la Biblia y su práctico conocimiento de ella, el Sr. Moody atraía inmensas multitudes".

El Dr. Torrey concluye: "Oh, hombres y mujeres, si ustedes quisieran tener una audiencia y desearan hacerle el bien, *estudien*, estudien, ESTUDIEN el único Libro; y *prediquen*, prediquen, PREDIQUEN el único Libro; y *enseñen*, enseñen, ENSEÑEN el único Libro, la Biblia; el único Libro que es Palabra de Dios, y el único Libro que tiene el poder de reunir, mantener y bendecir a las multitudes por un gran período de tiempo".

No existe otro libro que valga la pena ser más estudiado y por el cual puedas ser más transformado en tu vida personal, que este, la Biblia, la Palabra de Dios.

El Señor te bendiga grandemente en esta maravillosa aventura de conocerlo más a través de Su Palabra.

Isaías E. Carranza

Director

Editorial Ganador de Almas

PREFACIO

Siempre es un placer para mí hablar sobre el tema de este libro. Creo que prefiero predicar sobre la Palabra de Dios antes que cualquier otra cosa —excepto el Amor de Dios—, porque creo que es lo mejor del mundo.

No podemos sobrestimar la importancia de una profunda familiaridad con la Biblia. Por mi parte, intento no perder ninguna oportunidad de animar a las personas por todos los medios a mi alcance al estudio constante de este maravilloso Libro. Si, a través de las páginas que siguen, puedo comunicarme con otros e inducirlos a leer sus Biblias, no al azar, sino con un plan y un propósito, estaré realmente agradecido.

Cuando vayas, te guiará;

Cuando duermas, te protegerá;

Cuando despiertes, hablará contigo.

Proverbios 6: 22

D. L. MOODY

CAPÍTULO 1:
CONTACTO CERCANO CON LA PALABRA DE DIOS

Un despertar espiritual sostenible en el tiempo debe venir a través de la Palabra de Dios.

Cierto día, un hombre se puso de pie en una de nuestras reuniones y dijo que deseaba que lo que había recibido le durara para toda la vida. Le respondí que podría hacer el intento de tomar un buen desayuno por única vez y esperar que le dure toda la vida. Ese es un error que la gente comete: asiste a reuniones religiosas con la esperanza de que sea suficiente. Pero, si no te acercas a la Palabra de Dios, todo el impacto que pueda generar una reunión desaparecerá en tres meses. Cuanto más ames las Escrituras, más firme será tu fe. Hay poca recaída una vez que la gente ama las Escrituras. Si entras en contacto cercano con la Palabra, obtendrás algo duradero, porque la Palabra de Dios perdurará. En el Salmo 119, David oró nueve veces para que Dios lo despertara o fortaleciera de acuerdo con su palabra, su ley, su juicio, sus preceptos, etc.

Si pudiera decir algo que motivara a los cristianos a tener un amor más profundo por la Palabra de Dios, creo que sería el servicio más importante que podría ofrecerles. ¿Cómo puedes enamorarte de la Biblia? Bueno, si la estudias y le pides ayuda a Dios, seguramente te responderá.

Palabra y obra

La Palabra y la obra producen cristianos sanos. Si todo es Palabra y no hay obra, la gente sufrirá de lo que podríamos llamar "fiebre religiosa". Por otro lado, si todo es obra y no hay Palabra, no pasará mucho tiempo antes de que caigan en todo tipo de pecado y error; harán más daño que bien. Pero si primero estudiamos la Palabra y luego obramos, seremos cristianos sanos y útiles. Nunca vi a un cristiano fructífero que no estudiara la Biblia. Si un hombre descuida su Biblia, puede orar y pedirle a Dios que lo use en su obra, pero Dios no podrá hacerlo, porque no hay material con el que pueda trabajar el Espíritu Santo. Debemos contar con la Palabra, que es más filosa que cualquier espada de dos filos.

Solemos tener muchas reuniones de oración; pero hay algo tan importante como la oración, y es la lectura de la Biblia: tengamos estudios bíblicos, conferencias y clases bíblicas, para que podamos incorporar la Palabra de

Dios. Cuando oro, le hablo a Dios; cuando leo la Biblia, es Dios quien habla; y, realmente, es más importante que Dios me hable que lo que yo pueda decirle. Creo que sabríamos cómo orar mejor si conociéramos mejor nuestras Biblias. ¿Para qué sirve un ejército que no sabe cómo usar sus armas? ¿De qué sirve que un joven comience una obra cristiana si no sabe cómo usar su Biblia? Un soldado no vale mucho en la batalla si tiene alguna duda sobre su arma, y nunca he encontrado un hombre que haya sido importante en el trabajo cristiano que tuviera dudas sobre la Biblia. He visto trabajo tras trabajo arruinado porque los hombres perdieron la confianza en el espíritu de este antiguo Libro.

Los jóvenes cristianos

Si los jóvenes cristianos quieren ser usados por Dios, deben alimentarse de Su Palabra. Su testimonio puede ser muy bueno y efectivo al principio, y pueden ayudar a otros; pero si solo se dedican a contar su experiencia, pronto se volverá obsoleta e inefectiva, y la gente se cansará de escuchar lo mismo una y otra vez. Una vez que han contado cómo se han convertido, lo siguiente es alimentarse de la Palabra. La Palabra de Dios es la verdadera fuente, no nosotros.

Y, si nos alimentamos de la Palabra, será muy fácil hablar con otros; además, estaremos creciendo en gracia todo el tiempo y la gente se dará cuenta de que vivimos diferente. Son muy pocos los que crecen, porque son muy pocos los que estudian. Mi consejo para todos los jóvenes cristianos es que se mantengan todo lo que puedan en compañía de cristianos más experimentados. Me gusta rodearme de aquellos que saben más que yo; y nunca pierdo la oportunidad de obtener todo lo bueno que puedan ofrecerme. Estudia la Biblia cuidadosamente y en oración; pregunta a los demás qué significa este o aquel pasaje y, cuando te hayas familiarizado con las grandes verdades que contiene, tendrás menos que temer del mundo, la carne y el demonio. La vida cristiana no te decepcionará.

Algo nuevo

La gente dice constantemente: "Queremos algo nuevo; una nueva doctrina, una nueva idea". Pero, mis amigos, si la Palabra de Dios les resulta agotadora, es porque no están en comunión con Él.

Cuando estuve en Baltimore por última vez, mi ventana daba a una Iglesia Episcopal. Los vitrales eran aburridos y poco atractivos durante el día, pero, cuando las luces brillaban por la noche, ¡qué hermosas eran! De la misma manera, cuando el Espíritu Santo toca los ojos de tu entendimiento y ves el brillo de Cristo a través de las páginas de la Biblia, se convierte en un libro nuevo para ti.

Una vez, una joven se propuso leer una novela, pero la encontró aburrida y poco interesante. Algunos meses después, le presentaron al autor y, pasados los meses, se convirtió en su esposa. Al tiempo, descubrió algo en la novela que la hizo cambiar de opinión. El cambio no estaba en el libro, sino en ella misma. Había llegado a conocer y amar al escritor. Algunos cristianos leen la Biblia como un deber, si es que la leen; pero, tan pronto como un hombre o una mujer ve a Cristo como el mejor líder en un millón, la Biblia se convierte en la revelación del amor del Padre y en un encanto interminable. Un hombre le preguntó a otro: "¿Lees a menudo la Biblia?". "No —fue la respuesta—. Yo no amo a Dios". "Yo tampoco lo hacía —respondió el primero—. "Pero Dios me amaba".

Parece que mucha gente piensa que la Biblia está desactualizada, que es un libro viejo pasado de moda. Dicen que fue muy bueno para la Edad Oscura y que hay una muy buena historia en él, pero que no fue pensado para el presente; vivimos en una época muy ilustrada y los hombres pueden llevarse muy bien sin el viejo libro; lo hemos superado. Ahora bien, podría decirse que el sol, que ha brillado tanto tiempo, es tan viejo que está desactualizado, y que cada vez que un hombre construye una casa no necesita poner ventanas, porque tenemos una luz más nueva y mejor; podemos iluminar gracias al gas y la electricidad. No sería bueno aconsejarles a las personas construir casas sin ventanas, ¿no es cierto? Nada puede reemplazar la calidez natural del sol.

Cada caso satisfecho

Ten en cuenta algo: no existe situación en la vida para la que no puedas encontrar alguna palabra de consuelo en las Escrituras. Si estás afligido, si estás en la adversidad y en problemas, hay una promesa para ti. En alegría y tristeza, en salud y en enfermedad, en pobreza y en riqueza, en cada condición de vida, Dios tiene una promesa reservada en Su Palabra para ti. De una forma u otra, cada caso es satisfecho, y la verdad es encomendada a la conciencia de cada hombre. Se dice que Richard Baxter, autor de *El reposo eterno de los santos*, vivió la fuerza de los milagros principalmente en su juventud; luego, en la adultez, se impresionó más por las profecías cumplidas; y, hacia el final de su vida, sintió la más profunda satisfacción del poder del Evangelio en su propia experiencia madura.

- Si eres impaciente, siéntate en silencio y conversa con Job.
- Si eres testarudo, lee sobre Moisés y Pedro.

- Si te sientes débil, observa a Elías.
- Si falta una canción en tu corazón, escucha a David.
- Si te dedicas a la política, lee a Daniel.
- Si te estás corrompiendo, lee a Isaías.
- Si tu corazón se está enfriando, lee sobre el discípulo amado.
- Si tu fe decae, lee a Pablo.
- Si te estás volviendo perezoso, observa a Santiago.
- Si estás perdiendo de vista el futuro, lee sobre la Tierra Prometida en Apocalipsis.

Gran paz

En el Salmo 119:165, encontramos estas palabras: "Mucha paz tienen los que aman tu ley, y no hay para ellos tropiezo". El estudio de la Palabra de Dios asegura la paz. Observa a esos cristianos que están arraigados y basados en la Palabra de Dios y descubrirás que tienen una gran paz; pero aquellos que no estudian su Biblia y no la conocen se ofenden fácilmente cuando surge el mínimo problemas o alguna pequeña persecución, y su paz se ve perturbada; basta con un pequeño soplo de oposición para que la pierdan.

A veces, me sorprende ver lo poco que se necesita para perturbar la paz y el bienestar de algunas personas. Una crítica las hará explotar fácilmente. Pero, si tenemos la paz de Dios, el mundo no puede quitárnosla. Así como no puede darla, tampoco puede destruirla. Debemos obtenerla de arriba: es la paz que da Cristo. "Mucha paz tienen los que aman tu ley, y no hay para ellos tropiezo". Cristo dice: "Y bienaventurado es el que no halle tropiezo en mí" (Mt. 11: 6). Ahora, donde sea que estés, notarás que un cristiano instruido en la Biblia, uno que tenga su Biblia llena de versículos remarcados y que diariamente se alimente de la Palabra con meditación y oración, no se ofenderá fácilmente.

Así son las personas que crecen y trabajan constantemente. Por otro lado las personas que nunca abren sus Biblias son las que se ofenden y se preguntan por qué tienen tantos problemas. Son las personas que dicen que el cristianismo no es lo que les dijeron que sería; que descubrieron que no todo lo que decimos es así. El verdadero problema es que no han hecho lo que el Señor les ha dicho que hagan. Han descuidado la Palabra de Dios. Si la hubieran estudiado, no estarían en esa condición, no se habrían alejado de Dios, no vivirían en la miseria que ofrece el mundo. Han descuidado la nueva vida, no la han alimentado; y la pobre alma, muerta de hambre, ahora se hunde en la debilidad y la decadencia, y se tropieza o se ofende fácilmente. Si una persona nace de nuevo, no puede prosperar sin Dios.

Salvar el alma

Conocí a un hombre que me contó que su alma no se había alimentado de nada durante cuarenta años. "Bueno —dije— se torna bastante difícil para el alma... ¡no alimentarse de nada!". Ese hombre es una persona entre decenas de miles; sus pobres almas se mueren de hambre. Cuidamos bien de este cuerpo que habitamos durante un tiempo y luego dejamos; lo alimentamos tres veces al día, lo vestimos, lo cubrimos y, poco a poco, avanza a pudrirse en una tumba; pero el espíritu, que vivirá para siempre, está delgado y hambriento. "No solo de pan vivirá el hombre, sino de toda palabra que sale de la boca de Dios" (Mt. 4: 4).

La guía turística a la casa del cristiano

Si una persona se encuentra de viaje pero no sabe a dónde va o cómo va a llegar, de seguro tendrá muchos problemas y no disfrutará del viaje tanto como si tuviera una guía turística a mano. Sin una guía, viajar no le resultará seguro, ni siquiera sabrá cómo hacer las conexiones adecuadas. De la misma forma, la Biblia es una guía turística en el viaje de la vida, y la única que señala el camino al cielo. "Lámpara es a mis pies tu palabra, y lumbrera a mi camino" (Sal. 119: 105).

Prestemos atención para no rechazar la luz y la ayuda que la Biblia nos brinda.

CAPÍTULO 2:
TODA LA PALABRA ES DE DIOS

No les pedimos a las personas que crean en la Biblia sin preguntar. No es natural que el ser humano acepte las cosas de Dios sin cuestionarlo. Si quieres estar listo para dar una respuesta a cada persona que te pida una razón de la esperanza que hay dentro tuyo, primero debes investigar. Pero no seas un escéptico deshonesto, con tu corazón y mente cerrados a la evidencia. No dudes porque crees que es "intelectual" hacerlo; no ventiles tus dudas. "Danos tus convicciones —dijo un escritor alemán—; tenemos suficientes dudas propias". Sé como Tomás, que no aceptó la oferta de Jesús de tocar las marcas de los clavos en sus manos y costado; su corazón estaba abierto a la convicción. "La fe —dice John McNeill— no se puede obtener de la punta de los dedos".

Si estás lleno de la Palabra de Dios, no habrá dudas. Una vez, una señora me preguntó: "¿No tienes dudas?". No; no tengo tiempo; hay demasiado trabajo por hacer. Algunas personas viven en la duda. Es su terreno predilecto, su patrimonio. Creo que la razón por la que hay tantos cristianos que no evidencian una conexión con Dios y solo demuestran detalles de su cristianismo de vez en cuando es que no toman la Biblia por doctrina, exhortación e instrucción.

Las pruebas

Ahora viene la solicitud: "Me gustaría que me probaras que la Biblia es verdadera". El Libro se probará a sí mismo si lo dejas; la palabra es viva y tiene poder. "Por lo cual también nosotros sin cesar damos gracias a Dios, de que cuando recibisteis la palabra de Dios que oísteis de nosotros, la recibisteis no como palabra de hombres, sino según es en verdad, la palabra de Dios, la cual actúa en vosotros los creyentes" (1 Ts. 2:13). No necesita tanto que la defiendas, sino que la estudies. Ella puede defenderse a sí misma. No es un niño enfermo que necesita ser amamantado. Un hombre cristiano hablaba con un escéptico que le dijo que no creía en la Biblia. El hombre leyó ciertos pasajes, pero el escéptico reafirmó: "No creo una palabra de eso". El otro siguió leyendo hasta que, finalmente, el escéptico fue convencido de pecado; entonces, el cristiano concluyó: "Una vez que he probado una buena espada, continúo usándola". Eso es lo que necesitamos. No es nuestro trabajo hacer creer a los hombres: la convicción es obra del Espíritu Santo.

Es la historia de salvación

Un matrimonio se dispuso a leer la Biblia durante una hora cada noche. En algunas de las primeras jornadas, el hombre se detuvo en medio de la lectura y le dijo a su esposa: "Cariño, si este libro es cierto, estamos equivocados". Continuaron leyendo y, al tiempo, se detuvo nuevamente y dijo: "Si este libro es verdadero, estamos perdidos". Cautivado por el Libro y profundamente ansioso, siguió leyendo, y pronto exclamó: "Cariño, si este Libro es cierto, ¡podemos ser salvados!". No pasó mucho más tiempo antes de que ambos se convirtieran. Este es el gran final del Libro, contarle al hombre sobre la gran salvación de Dios. ¡Piensa en un libro que pueda levantar nuestros espíritus caídos y recrearnos en la imagen de Dios!

Es una responsabilidad terrible tener un libro tan poderoso y, aún así, descuidar sus advertencias, rechazar sus enseñanzas. Es jugar con la vida y la muerte. ¿Qué pasaría si Dios decidiera retirarlo de circulación y dijera: "Está bien, no te molestaré más con esto"?

No se puede entender

Es probable que te preguntes qué hacer cuando llegues a alguna parte que no puedas entender. Le agradezco a Dios que hayan partes confusas de en la Biblia, un nivel que no conozco; una profundidad que nunca he podido comprender, que la hace aún más fascinante. Si pudiera leerla como cualquier otro libro y entenderla en una sola lectura, habría perdido la fe en ella hace años. El misterio es una de las pruebas más contundentes de que ese Libro debe haber venido de Dios. Hasta los hombres más inteligentes que dedicaron su vida a indagarlo han llegado a un punto en el que tuvieron que dejar de lado sus anotadores y decir: "Hay una profundidad de la que no sabemos nada". "Ninguna escritura —dijo Charles Spurgeon— se agota en una única explicación. Las flores del jardín de Dios se multiplican, no solo al doble, sino hasta siete veces: continuamente están derramando fragancias frescas". Hace algún tiempo, un hombre vino a mí con un pasaje difícil y entablamos una pequeña conversación:

- Moody, ¿qué podemos hacer con esto?
- Nada —respondí.
- Pero, ¿cómo lo entiendes?
- No lo entiendo.
- ¿Cómo lo explicas?
- No lo hago.
- ¿Qué haces con eso?

- Nada.
- No crees lo que dice, ¿verdad?
- Oh, sí; sí que lo creo.

Hay muchas cosas que no entiendo, pero las creo. No sé nada sobre matemáticas complejas, pero creo en ellas. No entiendo de astronomía, pero creo en ella. ¿Puedes decirme por qué un mismo tipo de comida se convierte en carne, cabello, plumas, pezuñas, uñas de los dedos, depende del animal que la consuma? Un hombre me dijo hace un tiempo que no podía creer algo que nunca había visto. Le pregunté si alguna vez había visto su cerebro.

El Dr. Talmage cuenta la historia de que un día, mientras molestaba a su profesor de Teología con preguntas sobre los misterios de la Biblia, este se volvió hacia él y dijo: "Sr. Talmage, tendrás que permitirle saber a Dios algunas cosas que tú no sabes".

Un hombre dijo una vez a un no creyente: "Los misterios de la Biblia no me molestan. Leer la Biblia es como comer pescado. Cuando como pescado y me encuentro con una espina, no intento tragarla, sino que la dejo a un lado. Cuando leo la Biblia y encuentro algo que no puedo entender, digo: 'Hay una espina', y lo paso por alto. Pero no descarto el pescado porque tiene espinas; de la misma manera, no descarto mi Biblia por algunos pasajes que no puedo explicar".

Blaise Pascal dijo: "El conocimiento humano debe ser entendido para ser amado; pero el conocimiento divino debe ser amado para ser entendido". Esa declaración marca el punto del fracaso de la mayoría de los críticos de la Biblia: no hacen de su cerebro el servidor de su corazón.

Quejosos

¿Alguna vez notaste que las cosas de las que los hombres más reniegan son las mismas cosas a las que Cristo les puso Su sello? Los hombres dicen: "¿De verdad crees en la historia de Noé y el diluvio? No puede ser". Bueno, si la abandono, debo abandonar el Evangelio, debo abandonar las enseñanzas de Jesucristo. Cristo creyó en la historia de Noé y la conectó con su regreso a la tierra: "Mas como en los días de Noé, así será la venida del Hijo del Hombre" (Mt. 24: 37). Los hombres dicen: "Bueno, no crees en la historia de Lot y Sodoma, ¿verdad?". Tanto como creo en las enseñanzas de Jesucristo: "Mas el día en que Lot salió de Sodoma, llovió del cielo fuego y azufre, y los destruyó a todos. Así será el día en que el Hijo del Hombre se manifieste" (Lc. 17: 29-30). Los hombres dicen: "Dime que no crees en la historia de la esposa de Lot". Cristo sí la creyó: "Acordaos de la mujer de Lot" (Lc. 17: 32). O, tal vez: "No crees la historia de que Israel tuvo que mirar a una serpiente de bronce para ser liberada, ¿verdad?". Cristo la creyó y la conectó con su propia cruz: "Y como Moisés levantó la serpiente en el desierto, así es necesario que el Hijo del Hombre sea levantado, para que todo aquel que en él cree, no se pierda, mas tenga vida eterna" (Jn. 3: 14-15). Los hombres dicen: "Bueno, pero no puedes creer que los hijos de Israel hayan sido alimentados con maná en el desierto". Jesús dijo: "Nuestros padres comieron el maná en el desierto... De cierto, de cierto os digo: No os dio Moisés el pan del cielo, mas mi Padre os da el verdadero pan del cielo" (Jn. 6: 31a; 32). Los hombres dicen: "No creerás que bebieron del agua que salió de una roca, ¿cierto?". Cristo lo creyó y lo enseñó. Los hombres dicen: "¿Y Elías alimentado por la viuda?". Ciertamente, lo creo. Cristo dijo que había muchas viudas en los días de Elías, pero Elías fue alimentado por una sola. Él se refirió a eso, le puso Su sello. El Hijo de Dios lo creyó. Entonces, ¿quién soy yo para no hacerlo? "¿Estará el siervo por encima de su amo?".

Jonás y el pez

Los hombres dicen: "Bueno, no me digas que crees que a Jonás se lo tragó un pez". Quiero decirte que lo creo.

Hace unos años, había un hombre a quien alguien creyó un poco insensato, por lo que no querían que hablara en la plataforma de la iglesia de Northfield. Ante esta situación, me dije: "Pronto descubriré si él es o no sensato". Al ver a este hombre, le pregunté: "Dime, ¿crees que Jonás fue tragado por un pez?". "Sí —dijo—, lo creo". Le respondí: "Muy bien, entonces quiero que vengas a predicar a Northfield". El hombre vino y predicó sobre Jonás.

En Mateo, a Jesús le pidieron dos veces una señal, y Él dijo que la única señal que tendría esta generación sería la señal de Jonás en el vientre del pez. Él conectó eso con Su resurrección; si somos honestos, creo que derribar una historia implicaría derribar la otra. A medida que avances en la vida y obtengas tantos amigos "del otro lado del río" como de este, también obtendrás consuelo en la historia de la resurrección como en cualquier otra historia en la Biblia. Cristo no tenía dudas sobre la historia. Dijo que su resurrección sería una señal como la que se les dio a los ninivitas. Jonás, el hombre resucitado, caminó por las calles de Nínive. Suponemos que toda Nínive había oído de un tal Jonás que fue arrojado por la borda y tragado por un gran pez.

Creo que hacernos dudar de la resurrección es un golpe maestro de Satanás. Los científicos hicieron un descubrimiento: la garganta de una ballena no es más grande que el puño de un hombre, y es físicamente imposible que una ballena se trague una persona. El libro de Jonás dice que Dios preparó un gran pez para tragar al profeta. ¿No podría Dios hacer un pez lo suficientemente grande como para tragarse a Jonás? Si Dios pudo crear al mundo, creo que podría crear un pez lo suficientemente grande como para tragarse un millón de hombres. Como dijo una anciana: "¿No podría Dios, si así lo deseara, diseñar un hombre capaz de tragarse una ballena?".

Hace algún tiempo, algunos filósofos modernos se dirigían a Europa. Un escocés amigo mío, que conocía muy bien la Biblia, viajaba con ellos. Comenzaron a hablar de la Biblia, y uno de ellos dijo: "Soy un hombre de ciencia; he investigado ese libro, he observado algunas de sus declaraciones y las he examinado; son falsas. Hay una historia que dice que el asno de un tal Balaam habló. Me he tomado la molestia de examinar el hocico de un burro y está diseñado de tal forma que jamás podría hablar". Mi amigo se contuvo todo el tiempo que pudo y luego dijo: "Amigo, crea un asno; yo lo haré hablar". ¡Dios puede hablar a través de un burro!

Recortes bíblicos

Además de los hombres de ciencia, existe otro grupo. Está de moda que la gente diga: "Sí, creo en la Biblia, pero no en lo sobrenatural. Creo en todo lo que pueda razonarse". Leen la Biblia con una navaja; recortan esto y aquello. Ahora, si yo tengo derecho a recortar cierta porción de la Biblia, no sé por qué uno de mis amigos no tiene derecho a eliminar una parte, y otro a eliminar otra parte, y así sucesivamente. Tendrías una Biblia extraña si todos recortaran lo que quisieran. Los adúlteros eliminarían todo lo relacionado con el adulterio; los mentirosos sacarían todo sobre la mentira; los borracho recortarían lo que no le gusta.

Una vez, un caballero llevó su Biblia a la casa de su pastor y le dijo: "Esa es tu Biblia". "¿Por qué la llamas *mi* Biblia? —respondió el ministro. "Bueno —continuó el caballero—, he escuchado tus sermones durante cinco años, y cada vez que dijiste que algo en la Biblia no era auténtico, lo recorté". El sujeto tenía alrededor de un tercio de la Biblia recortada; todo Job, todo Eclesiastés y Apocalipsis, y mucho más. El ministro quería quedarse con la Biblia; no quería que el resto de su congregación la viera. Pero el hombre dijo: "De ninguna manera. Me quedan las tapas, y las guardaré". Y se fue con las tapas. Si creyeras todo lo que algunos predican, en unos meses te quedarías solo con las tapas de tu Biblia.

A menudo he dicho que, si en algún momento pretendiera descartar la Biblia, la arrojaría al fuego de una vez. No hay necesidad de esperar cinco años para hacer lo que se puede hacer hoy. Todavía tengo que encontrar a una persona que comience a criticar la Biblia y que no la destroce en poco tiempo. Un ministro a quien conocí me dijo: "Moody, solo predico sobre los cuatro Evangelios. He renunciado a todas las epístolas y a todo el Antiguo Testamento; y no sé por qué no puedo ir a la fuente y predicar como lo hizo Pablo. Creo que los Evangelios son lo único auténtico". No pasó mucho tiempo antes de que también renunciara a los cuatro Evangelios. Finalmente, abandonó el ministerio. Renunció a la Biblia, y Dios lo abandonó.

Un profeta fue enviado a una ciudad para advertir a los malvados y se le ordenó no comer dentro de sus muros. Más tarde, fue engañado por un viejo profeta que le dijo que un ángel había venido a él y le había dicho que ya podía volver a comer. Por su desobediencia, el primer profeta fue destruido por un león. Si un ángel viniera y te contara una historia diferente a la del Libro, no le creas. Estoy harto de que la gente siga a los hombres. Está escrito: "Mas si aun nosotros, o un ángel del cielo, os anunciare otro evangelio diferente del que os hemos anunciado, sea anatema" (Gá. 1: 8). ¿Crees que por tener más luz de la que el profeta tenía podemos desobedecer la Palabra de Dios con impunidad?

Lo sobrenatural en la Biblia

Que un hombre diga que no tendrá nada que ver con los milagros o que no creerá en lo sobrenatural es absurdo. Si vas a deshacerte de lo sobrenatural, también podrías quemar tu Biblia de una vez. Si sacas lo sobrenatural de ese Libro y sacas a Jesucristo de él, has sacado la mejor parte. No hay lugar de la Biblia en la que no haya cosas sobrenaturales. Génesis cuenta que Abraham cayó rostro en tierra y Dios habló con él. Es sobrenatural. Si eso no sucedió, el autor escribió una mentira y deberíamos descartar Génesis. En el Éxodo encuentras las diez plagas que cayeron sobre Egipto. Si eso no es cierto, el escritor del Éxodo era un mentiroso. Luego, en Levítico, se dice que el fuego consumió a los dos hijos de Aarón. Ese fue un evento sobrenatural. Si es falso, debemos descartar todo el libro. En Números está la historia de la serpiente de bronce. Sucede así con cada libro en el Antiguo Testamento; no hay uno en el que no encuentres algo sobrenatural. Hay más cosas sobrenaturales sobre Jesucristo que en cualquier otra parte de la Biblia, y a lo último que alguien está dispuesto a renunciar es a los cuatro Evangelios.

Quinientos años antes del nacimiento, el ángel Gabriel bajó a la tierra y le dijo a Daniel que Jesús debía nacer: "Aún estaba hablando en oración, cuando el varón Gabriel, a quien había visto en la visión al principio, volando con presteza, vino a mí como a la hora del sacrificio de la tarde" (Dn. 9: 21). Más adelante, Gabriel bajó a Nazaret y le dijo a la Virgen que debía ser la madre del Salvador: "Y ahora, concebirás en tu vientre, y darás a luz un hijo, y llamarás su nombre JESÚS" (Lc. 1: 31). También encontramos que el ángel entró en el templo y le dijo a Zacarías que iba a ser el padre de Juan el Bautista, el precursor del Mesías; Zacarías quedó mudo durante nueve meses debido a su incredulidad. Luego, cuando nació Cristo, encontramos ángeles apareciéndose a los pastores en Belén, anunciándoles el nacimiento del Salvador: "Que os ha nacido hoy, en la ciudad de David, un Salvador, que es CRISTO el Señor" (Lc. 2: 11). El hecho de que los sabios vieron la estrella en el este y la siguieron, seguramente fue sobrenatural. Así fue la advertencia que Dios le envió a José en un sueño para que huyera a Egipto. Así fue el hecho de que nuestro Señor entrara al templo a la edad de doce años, discutiera con los eruditos y estuviera a la altura de todos ellos. Así fueron las circunstancias que acompañaron Su bautismo, cuando Dios habló desde el cielo, diciendo: "Este es mi Hijo amado, en quien tengo complacencia" (Mt. 3: 17b). Durante tres años y medio, Jesús pisó las calles y carreteras de Palestina. Piensa en la cantidad de milagros maravillosos que hizo durante esos años. Un día le habló al leproso y lo sanó; otro día le habló al mar y este le obedeció. Cuando murió, el sol se negó a mirar la escena; este viejo mundo lo reconoció y se tambaleó como un hombre borracho. Y, cuando rompió los precintos de la muerte y salió del sepulcro, eso fue sobrenatural. Christmas Evans, el gran predicador galés, dice: "Muchas reformas mueren con el reformador, pero este reformador vive para llevar a cabo su reforma". Gracias a Dios, no adoramos a un judío muerto. De ser así, no habríamos abierto los ojos ni recibido la salvación de nuestras almas. Le agradezco a Dios que nuestro Cristo es sobrenatural y que este Libro es sobrenatural, y le agradezco que vivo en un país libre en el que todos pueden leerlo.

Algunas personas piensan que estamos locos, que Dios es imaginario. Bueno, qué imaginación tan gloriosa, ¿no? Ha estado conmigo entre treinta y cuarenta años, y creo que va a acompañarme mientras viva y aun cuando me toque partir a otro mundo. Un lector de Pablo dijo que el Apóstol era un demente. "Bueno —le respondieron— si lo era, tenía un buen guardián en el camino y un gran asilo esperándolo al final de la ruta". Ojalá tuviéramos tantos dementes como Pablo en el mundo.

Inspiración

Cuando Pablo le escribió a Timoteo que toda la Escritura fue inspirada por Dios y que era beneficiosa, quiso decir exactamente lo que dijo. Hay gente que me pregunta si creo que toda la Biblia fue inspirada. Mi respuesta es que sí, cada palabra; pero no creo que todas las acciones e incidentes de los que habla hayan sido inspirados. Por ejemplo, cuando el diablo mintió, no se inspiró para hacerlo. Cuando un hombre malvado como Acab habló e hizo mal las cosas, no se inspiró; pero alguien se inspiró para escribirlo, por lo que todo fue inspirado y es beneficioso.

La inspiración debe haber sido verbal en muchos casos (si no en todos). Con respecto a la salvación a través de los sufrimientos de Cristo, Pedro nos dice:

Los profetas que profetizaron de la gracia destinada a vosotros, inquirieron y diligentemente indagaron acerca de esta salvación, escudriñando qué persona y qué tiempo indicaba el Espíritu de Cristo que estaba en ellos, el cual anunciaba de antemano los sufrimientos de Cristo, y las glorias que vendrían tras ellos.

A éstos se les reveló que no para sí mismos, sino para nosotros, administraban las cosas que ahora os son anunciadas por los que os han predicado el evangelio por el Espíritu Santo enviado del cielo; cosas en las cuales anhelan mirar los ángeles (1 P. 1: 10-12).

De modo que los profetas mismos tuvieron que preguntar y analizar diligentemente las palabras que pronunciaron bajo la inspiración del Espíritu.

Cuando le preguntaron a un joven cristiano cómo podía hacer para probar que la Biblia estaba inspirada, él respondió: "Porque ella me inspira". Creo que es una buena evidencia. Deja que la Palabra de Dios entre en tu alma y te inspirará; no puede evitarlo.

Antiguo y Nuevo Testamento

Quiero mostrar cuán absurdo es para cualquiera decir que cree en el Nuevo Testamento y no en el Antiguo. Es un hecho muy interesante que de los treinta y nueve libros del Antiguo Testamento, se registre que nuestro Señor hizo citas de no menos de veintidós. Muy posiblemente haya citado todos ellos; pero solo tenemos fragmentos de lo que Él dijo e hizo. El apóstol Juan nos dice que el mundo apenas podría contener los libros escritos si se registraran todos los dichos y acciones de nuestro Señor. Cerca de ochocientos cincuenta pasajes del Antiguo Testamento son citados o aludidos en el Nuevo; solo unos pocos más de una vez.

En el Evangelio de Mateo hay más de cien citas de veinte de los libros del Antiguo Testamento. En el Evangelio de Marcos hay quince citas tomadas de trece de los libros. En el Evangelio de Lucas hay treinta y cuatro citas de trece libros. En el Evangelio de Juan hay once citas de seis libros. Solo en los cuatro Evangelios hay más de ciento sesenta citas del Antiguo Testamento. A veces escuchas a hombres decir que no creen en toda la Biblia, pero creen en la enseñanza de Jesucristo en los cuatro Evangelios. Bueno, si creo eso, tengo que aceptar estas ciento sesenta citas del Antiguo Testamento. En la carta de Pablo a los corintios hay cincuenta y tres citas del Antiguo Testamento; a veces, párrafos enteros. En Hebreos, un libro de solo trece capítulos, hay ochenta y cinco citas. En Gálatas, dieciséis citas. Solo en el libro de Apocalipsis, hay doscientas cuarenta y cinco citas y alusiones.

Muchos desestiman el Antiguo Testamento. Dicen que es una buena lectura histórica, pero no creen que sea parte de la Palabra de Dios y no la consideran esencial en el plan de salvación. La última carta que escribió Pablo contiene las siguientes palabras: "Y que desde la niñez has sabido las Sagradas Escrituras, las cuales te pueden hacer sabio para la salvación por la fe que es en Cristo Jesús" (2 Ti. 3: 15). Todas las Escrituras que poseían los apóstoles eran el Antiguo Testamento. Cuando los escépticos atacan sus verdades, a estos cristianos les resulta conveniente decir: "No respaldamos todo lo que está en el Antiguo Testamento", y así evitan una discusión en defensa de las Escrituras. Es muy importante que todo cristiano no solo sepa lo que enseña el Antiguo Testamento, sino que también acepte sus verdades, porque sobre esto se basa *la verdad*. Pedro dijo que las Escrituras no fueron dadas para ninguna interpretación privada y, al hablar de las Escrituras, se refería al Antiguo Testamento, no al Nuevo.

Si las Escrituras del Antiguo Testamento no son ciertas, ¿crees que Cristo se habría referido a ellas con tanta frecuencia y habría dicho que las Escrituras debían cumplirse? Cuando el tentador le dijo que Él podía llamar a los ángeles del cielo para salvarlo, Jesús respondió: "Así está escrito" (Mt. 4: 10). Cristo se entregó como sacrificio para que las Escrituras pudieran cumplirse. ¿No se dijo que iba a ser tenido en cuenta como uno de los transgresores? (Is. 53: 12) Y cuando habló con dos de sus discípulos por el camino a Emaús, después de su resurrección, ¿no dijo: "¿No deberían suceder estas cosas? ¿No tenía que sufrir?" (Lc. 24: 26)? Comenzando por Moisés, Jesús usó todas las Escrituras para hablar acerca de sí mismo, porque el único tema del Antiguo Testamento es el Mesías. Sobre el Salmo 40:7, dice: "En el rollo del libro está escrito de mí" (Sal. 40: 7b). "¿Qué libro? —pregunta Lutero— ¿Y qué persona? Solo hay un libro: la Biblia; y solo una persona, Jesucristo". Cristo se refirió a las Escrituras y su cumplimiento no solo después de que resucitó de entre los muertos, sino que en el libro de Apocalipsis las usó en el cielo. Habló sobre ellas con Juan en la isla de Patmos, y usó las palabras que los hombres intentan descartar. Nunca las encontró fallidas ni las rechazó.

Si Jesucristo usó el Antiguo Testamento, imitémoslo. ¡Que Dios nos libere del cristiano unilateral que lee solo el Nuevo Testamento y habla en contra del Antiguo!

CAPÍTULO 3:
PALABRAS ETERNAS; UN POCO DE HISTORIA

Cristo, hablando de la ley, dijo: "Ni una jota ni una tilde pasará de la ley, hasta que todo se haya cumplido" (Mt. 5: 18b). En otro lugar, dijo: "El cielo y la tierra pasarán, pero mis palabras no pasarán" (Mt. 24: 35). Ahora, recordemos que la única Escritura que tuvieron los apóstoles y Cristo fue el Antiguo Testamento. El Nuevo Testamento no había sido escrito. Lo pondré de esta manera: "Ni una jota ni una tilde pasará de la ley, hasta que todo se haya cumplido" es el antiguo pacto. Luego, Cristo viene y agrega estas palabras: "El cielo y la tierra pasarán, pero mis palabras no pasarán". Estas son el nuevo pacto. Ahora, observa cómo se ha cumplido. En aquel momento no había periodistas siguiendo a Jesús y anotando Sus Palabras; no había papeles para imprimir los sermones; y, si hubiera habido diarios, nadie habría impreso sus sermones: la iglesia y el mundo religioso estaban en contra de él. Puedo imaginar a uno de los modernos librepensadores, de pie junto a Jesús, escuchándolo decir: "El cielo y la tierra pasarán, pero mis palabras no pasarán". Puedo ver su mirada de desprecio, mientras dice: "¡Escucha lo que dice este judío campesino! ¿Alguna vez escuchaste tanta presunción, tanta locura? Dice que el cielo y la tierra morirán, pero que su Palabra no morirá". Mis amigos, quiero hacerles una pregunta: ¿han muerto? ¿Sabes que el sol ha brillado sobre más Biblias hoy que en toda la historia? Ha habido más Biblias impresas en los últimos diez años que en los primeros mil ochocientos. En la Edad Oscura intentaron encadenar y mantener alejada de las naciones las palabras de Jesús, pero Dios las ha preservado, y las Sociedades Bíblicas imprimen miles de Biblias todos los días.

Imprimiendo la versión revisada

Si alguna vez alguien hubiera dicho: "Cuando exista una versión revisada del Nuevo Testamento, tendrá una circulación inmensamente grande. La gente la leerá en cualquier lugar en su propio idioma", casi nadie le habría creído.

Hace muchos años, una nueva versión en inglés salió en Nueva York un viernes, el mismo día que se publicó en Londres. Chicago, por su parte, no quería quedar detrás de Nueva York. En ese momento, el tren más rápido entre las dos ciudades no podía realizar el viaje en menos de veintiséis horas, por lo que enviar las copias desde Nueva York sería una pérdida de tiempo: llegarían la tarde del sábado, cuando las tiendas ya estuvieran cerradas. Entonces, uno de los diarios de Chicago puso a trabajar a noventa operadores e imprimió toda la nueva versión, desde Mateo hasta el Apocalipsis, el mismo viernes; al otro día, se vendió en las calles de toda la ciudad. Si alguien en esa época hubiera dicho —estamos hablando antes de que existieran los telégrafos— que eso sería posible, no lo habrían creído. Sin embargo, se hizo.

A pesar de todo lo que los escépticos y no creyentes dicen contra ella, la Biblia sigue su camino. Estos opositores me hacen pensar en un perro que le ladra a la luna; por más ladridos que recibe, la luna sigue brillando. Los ateos siguen escribiendo contra la Biblia; pero no progresan mucho, ¿verdad? Se sigue extendiendo por todo el mundo, en silencio y sin ningún sonido de trompetas. Un faro no hace ruidos estruendosos; arroja luz a su alrededor constantemente. De la misma manera, la Biblia ilumina las naciones de la tierra.

Se cuenta que una vez se le preguntó a un profesor de Secularidad: "¿Por qué no puedes dejar a la Biblia en paz, si es que no crees en ella?". La respuesta fue inmediata y honesta: "Porque la Biblia no me deja en paz a mí".

Circulación de la Biblia

La Biblia fue uno de los primeros libros impresos y, todavía hoy, las nuevas traducciones avanzan constantemente para llegar a todos los rincones de la tierra. No pasará mucho tiempo antes de que las palabras de Jesucristo penetren en las partes más recónditas de la tierra y en las islas más pequeñas en medio del mar. Cuando Cristo dijo: "La Escritura no puede ser quebrantada" (Jn. 10: 35b), fue literal. El diablo, el hombre y el infierno han estado aliados durante siglos para tratar de quebrantar la Palabra de Dios, pero no pueden ni podrán hacerlo. Si la tomas de punto de apoyo, tienes una buena base eterna. "El cielo y la tierra pasarán, pero mis palabras no pasarán". Amigos míos, esa Palabra vivirá, y no hay poder en el infierno ni en la tierra capaz de borrarla.

Hoy necesitamos personas que crean en la Palabra de Dios desde la coronilla hasta la punta de los pies; que crean todo, las cosas que entienden y las que no. Habla sobre lo que entiendes y no le des vueltas en lo que no. Creo que esa es una de las razones por las cuales los ingleses y escoceses cristianos han estado adelantados: porque estudian toda la Biblia. Me atrevo a decir que hay cientos de lecturas de la Biblia en Londres cada noche. Hay muchos buenos cristianos en algunos lugares y muchos mediocres en otros; esto es porque no consideran todo el alcance de la Biblia. Cuando estuve en Escocia, tuve que tener mucho cuidado al citar la Biblia. Después de la reunión, un amigo me dijo que la estaba citando mal.

CAPÍTULO 4:
LAS PROFECÍAS COMO EVIDENCIA

No conozco nada que altere más rápido a un escéptico honesto que la profecía cumplida. Hay muy pocos cristianos que piensan en estudiar este tema. Dicen que las profecías son misteriosas y que hay dudas sobre su cumplimiento. Ahora, la Biblia no dice que la profecía sea un tema oscuro que deba evitarse; sino más bien que "tenemos también la palabra profética más segura, a la cual hacéis bien en estar atentos como a una antorcha que alumbra en lugar oscuro, hasta que el día esclarezca y el lucero de la mañana salga en vuestros corazones" (2 P. 1: 19). La profecía es historia frustrada; la historia es profecía cumplida.

Un país no explorado

Cuando era niño, me enseñaron que más allá del Río Misisipi estaba el gran desierto americano. Pero, cuando el primer pico golpeó la mina de Comstock y sacaron más de cien millones de dólares en plata, la nación se dio cuenta de que no había desierto. Hoy, esa parte del país está conformada por Nevada, Colorado, Utah y otros estados del oeste; de lo más valioso que poseemos. ¡Piensa en las ciudades ocupadas y los estados florecientes que han surgido entre las montañas! Sucede lo mismo con muchas porciones de la Biblia: la gente nunca considera leerlas. Se arreglan con unos pocos versículos y capítulos. La mayor parte de la Biblia fue escrita por profetas, pero las prédicas sobre profecía son poco usuales.

Entre quinientas y seiscientas profecías del Antiguo Testamento se han cumplido notable y literalmente; solo doscientas de ellas se refieren a Jesucristo. A Él no le sucedió nada que no haya sido profetizado entre mil setecientos y cuatrocientos años antes de que naciera.

Tomemos las cuatro grandes ciudades que existieron en los días en que se escribió el Antiguo Testamento y encontraremos que las profecías sobre ellas se han cumplido al pie de la letra. Déjame llevarte a algunos pasajes.

Babilonia

La primera se refiere a Babilonia:

Y Babilonia, hermosura de reinos y ornamento de la grandeza de los caldeos, será como Sodoma y Gomorra, a las que trastornó Dios. Nunca más será habitada, ni se morará en ella de generación en generación; ni levantará allí tienda el árabe, ni pastores tendrán allí majada; sino que dormirán allí las fieras del desierto, y sus casas se llenarán de hurones; allí habitarán avestruces, y allí saltarán las cabras salvajes (Is. 13: 19-21).

Y nuevamente:

Palabra que habló Jehová contra Babilonia, contra la tierra de los caldeos, por medio del profeta Jeremías. Anunciad en las naciones, y haced saber; levantad también bandera, publicad, y no encubráis; decid: Tomada es Babilonia, Bel es confundido, deshecho es Merodac; destruidas son sus esculturas, quebrados son sus ídolos. Porque subió contra ella una nación del norte, la cual pondrá su tierra en asolamiento, y no habrá ni hombre ni animal que en ella more; huyeron, y se fueron (Jer. 50: 1-3).

Por la ira de Jehová no será habitada, sino será asolada toda ella; todo hombre que pasare por Babilonia se asombrará, y se burlará de sus calamidades (Jer. 50: 13).

¡Cómo fue cortado y quebrado el martillo de toda la tierra! ¡Cómo se convirtió Babilonia en desolación entre las naciones! Te puse lazos, y fuiste tomada, oh Babilonia, y tú no lo supiste; fuiste hallada, y aun presa, porque provocaste a Jehová (Jer. 50: 23-24).

Cien años antes de que Nabucodonosor ascendiera al trono, se predijo cómo Babilonia sería destruida, y sucedió. Los estudiosos nos dicen que la ciudad se encontraba en medio de una llanura grande y fructífera. Estaba cercada por un muro de sesenta millas cuadradas. Cada lado de la plaza tenía veinte puertas de latón macizo, y en cada esquina había una torre fuerte, diez pies más alta que la pared. El muro tenía ochenta y siete pies de ancho y trescientos cincuenta pies de alto. Estas cifras nos dan una idea de la importancia de Babilonia. Sin embargo, solo quedan ruinas como testigos de su antigua grandeza. Cuando Babilonia estaba en su gloria y era la reina de la tierra, los profetas predijeron que sería destruida; ¡y se cumplió literalmente!

Un amigo que atravesaba el valle del Éufrates, intentó que su guía armara su tienda cerca de las ruinas, y fracasó. Ningún árabe arma su tienda allí, ningún pastor vive cerca de la ciudad.

Nínive

Luego, tenemos a Nínive: "Y echaré sobre ti inmundicias, y te afrentaré, y te pondré como estiércol. Todos los que te vieren se apartarán de ti, y dirán: Nínive es asolada; ¿quién se compadecerá de ella? ¿Dónde te buscaré consoladores?" (Nah. 3: 6-7). Entonces, ¿cómo haces para enterrar una ciudad? "Y echaré sobre ti inmundicias". ¿Cómo es eso de sepultarla en estiércol? Sin embargo, durante 2500 años, Nínive permaneció enterrada y una inmundicia abominable se apoderó de ella. Ahora, las ruinas están desenterradas y expuestas en París y Londres. Si entras en el Museo Británico, todos los días —excepto el *sabbath*— podrás ver hombres de todas partes del mundo, contemplando las ruinas. Sucedió tal como lo profetizaron.

Tiro

En tercer lugar, mira a Tiro:

Por tanto, así ha dicho Jehová el Señor: He aquí yo estoy contra ti, oh Tiro, y haré subir contra ti muchas naciones, como el mar hace subir sus olas. Y demolerán los muros de Tiro, y derribarán sus torres; y barreré de ella hasta su polvo, y la dejaré como una peña lisa. Tendedero de redes será en medio del mar, porque yo he hablado, dice Jehová el Señor; y será saqueada por las naciones (Ez. 26: 3-5).

Charles Carleton Coffin, quien fue corresponsal del Boston Journal durante la Guerra Civil de Estados Unidos, dio la vuelta al mundo después de que el conflicto terminara, en 1868. Una noche, llegó al lugar de la antigua Tiro. Cuenta que ya estaba atardeciendo, por lo que consiguió que su guía le armara una carpa justo al lado de las ruinas, donde los muros fueron demolidos y el polvo barrido, y sacó su Biblia y leyó donde dice: "Tendedero de redes será". Coffin cuenta que los pescadores que habían terminado la jornada, estaban extendiendo sus redes allí mismo, precisamente como fue profetizado cientos y cientos de años antes. Cuando se profetizó contra estas grandes ciudades, eran tan gloriosas como Londres, París y Nueva York; hoy, su gloria ya no existe.

Jerusalén

Veamos la profecía sobre Jerusalén: "Y cuando llegó cerca de la ciudad, al verla, lloró sobre ella, diciendo: ¡Oh, si también tú conocieses, a lo menos en este tu día, lo que es para tu paz! Mas ahora está encubierto de tus ojos. Porque vendrán días sobre ti, cuando tus enemigos te rodearán con vallado, y te sitiarán, y por todas partes te estrecharán" (Lc. 19: 41-43). ¿No es exactamente lo que hizo Tito, el emperador romano? "Y te derribarán a tierra, y a tus hijos dentro de ti, y no dejarán en ti piedra sobre piedra, por cuanto no conociste el tiempo de tu visitación" (v. 44).

Leí que, cierta vez, dos rabinos subían a Jerusalén y vieron a un zorro que jugaba sobre el muro; uno comenzó a llorar cuando observó la desolación de Sion. El otro sonrió y lo reprendió, diciendo que el espectáculo era una prueba de que la Palabra de Dios era verdadera, y que esta era una de las profecías que debían cumplirse: "Por el monte de Sion que está asolado; zorras andan por él" (Lm. 5 :18). También se profetizó que Jerusalén iba ser como un campo arado. Otra profecía cumplida. La ciudad moderna está tan restringida, que la tierra fuera de los muros, donde se encontraba parte de la ciudad vieja, está llena de los surcos de los arados.

Egipto

Consideremos las profecías con respecto a Egipto: "En comparación con los otros reinos será humilde; nunca más se alzará sobre las naciones; porque yo los disminuiré, para que no vuelvan a tener dominio sobre las naciones" (Ez. 29: 15). Ahora, ¡atención! Egipto estaba en su gloria cuando esto fue profetizado. Era un imperio grande y poderoso, pero durante siglos ha sido el más bajo de todas las naciones.

Los judíos

Entonces, nuevamente, la profecía de Balaam con respecto a los judíos ya se ha cumplido en gran medida. "He aquí un pueblo que habitará confiado, y no será contado entre las naciones. ¿Quién contará el polvo de Jacob, o el número de la cuarta parte de Israel?" (Nm. 23: 9b-10a). Los judíos no debían ser contados entre las naciones. Hay algo en su apariencia y hábitos que Dios continúa perpetuando, solo —yo creo—, para hacerlos testigos en cada país de la verdad de la Biblia.

La nación ha permanecido todos estos siglos separada y diferenciada de otras naciones. En Estados Unidos hay todo tipo de nacionalidades. Un irlandés llega al continente y, al cabo de una generación, olvida su nacionalidad. Así también con los alemanes, italianos y franceses; pero el judío es tan judío como lo fue cuando llegó hace cien años. Los han perseguido, sin embargo, controlan las finanzas del mundo y no pueden ser oprimidos. Egipto, Edom, Asiria, Babilonia, Persia, Roma y todas las naciones líderes de la tierra han tratado de aplastar a los judíos. Federico el Grande dijo: "No los toques, porque nadie que lo haya hecho ha prosperado". Son los mismos ahora que en los días en los que el Faraón trató de asesinar a todos los niños varones. La profecía se cumple: Dios ha hecho a la nación numerosa y unida. Llegará el momento en que Dios restablecerá a los judíos. "Porque muchos días estarán los hijos de Israel sin rey, sin príncipe, sin sacrificio, sin estatua, sin efod y sin terafines" (Os. 3: 4). ¿No están sin Rey, sin una nación y sin sacrificio? ¿No están dispersos entre las naciones de la tierra, entre un pueblo separado y distinto? Ellos no se inclinan ante los ídolos. A su último rey lo crucificaron, y nunca tendrán otro hasta que lo restauren. Su rey era Jesucristo, como se inscribió en su cruz.

Otras profecías

La profecía decía que Elí debía sufrir. Él era el sumo sacerdote de Dios, y lo único en su contra era que no obedecía la palabra de Dios con fidelidad y diligencia. Como muchos hoy. Era uno de estos viejos buenos que no querían incomodar a la gente con mensajes desagradables, por lo que descuidó a sus dos hijos y no los contuvo. Me recuerda a algunos ministros. ¡Por favor! ¡Que los ministros digan siempre la verdad, aunque no les convenga y queden expuestos ante su congregación! Todo salió bien durante veinte años, pero luego vino el cumplimiento de la profecía. El arca de Dios fue tomada, el ejército de Israel fue dirigido por los filisteos; Ofni y Finees, los dos hijos del viejo Elí, fueron asesinados y, cuando el anciano se enteró, cayó de espaldas de su silla, se rompió el cuello y murió. Lo mismo con el rey Acab, que siguió el consejo pecaminoso de Jezabel. Nabot no le vendería ese pedazo de tierra, así que lo sacaron del camino. Tres años después, los perros lamieron la sangre de Acab de su carro en el mismo lugar donde Nabot había sido asesinado.

CAPÍTULO 5:
¿QUIÉN HABLA CUANDO PREDICAS?

Quiero darles un consejo a los jóvenes que piensan dedicarse al ministerio. Si lo siguen, no serán predicadores de textos al azar, sino verdaderos expositores. Creo que lo que este país necesita es la Palabra de Dios. No hay libro que atraiga tanto a la gente como la Biblia. Uno de los profesores de la Universidad de Chicago dio algunas conferencias sobre el libro de Job, y no encontró un edificio lo suficientemente grande como para albergar a la gente que quería asistir. Si la Biblia tiene la oportunidad de hablar por sí misma, la gente se interesará. Estoy harto de ensayos morales. Se necesitaría una tonelada de ellos para que un niño de cinco años aceptara a Jesucristo.

Recuerdo que, cierta vez, un hombre hablaba de la iglesia a la que asistía. Decía que le gustaba porque el predicador nunca hablaba de política o religión, y solo leía pequeños ensayos agradables. ¡Dale a la gente la Palabra de Dios! Algunas personas solo usan la Biblia como un libro cualquiera: la gente recibe un texto y se va. Suben en un globo y hablan de astronomía; bajan y te dan un poco de geología; y el próximo domingo continúan de la misma manera. Luego se preguntan por qué la gente no lee su Biblia.

Solía pensar que Charles Spurgeon era el mejor predicador de todos los que había conocido, pero me di cuenta de que prefería escucharlo exponer las Escrituras que atender a todos sus sermones. ¿Por qué es que el Dr. John Hall ha mantenido a su audiencia tanto tiempo? Él abre su Biblia y expone. ¿Cómo fue que Andrew Bonar mantuvo a su audiencia en Glasgow? Tenía una voz débil, la gente apenas podía escucharlo, sin embargo, mil trescientas personas se presentaban en su iglesia dos veces cada *sabbath*, y muchas de ellas tomaban notas, se iban a casa y enviaban sus sermones a todo el mundo. Era costumbre del Dr. Bonar guiar a su congregación a través del estudio de la Biblia, libro por libro. No había una parte de la Biblia en la que no pudiera encontrar a Cristo. Prediqué durante cinco meses en Glasgow; no encontré un solo barrio o distrito en la ciudad que no estuviera influenciado por ese hombre.

Destellos del Dr. Andrew Bonar

En 1884 estuve en Londres y coincidí con un abogado que había venido de Edimburgo. Dijo que había ido a Glasgow unas semanas antes para pasar el domingo, y que tuvo la suerte de escuchar a Andrew Bonar. Me contó que estuve allí el domingo que el Dr. Bonar llegó a esa parte de la Epístola de

Gálatas donde Pablo sube a Jerusalén para ver a Pedro. "Después, pasados tres años, subí a Jerusalén para ver a Pedro, y permanecí con él quince días" (Gá. 1: 18). Dejó que su imaginación vagara y ensayó una narración. Dijo que, tal vez, luego de un día agotador que los había dejado muy cansados, Pedro se volvió hacia Pablo y le dijo: "Oye, ¿no te gustaría caminar un poco?". Pablo aceptó. Entonces bajaron por las calles de Jerusalén tomados del brazo, junto al arroyo Cedrón, y, de repente, Pedro se detuvo y dijo: "Mira, Pablo, este es el lugar donde Él luchó, y donde sufrió y sudó grandes gotas de sangre. Ahí está el lugar donde Juan y Santiago se quedaron dormidos, allí mismo. Y justo aquí es el lugar donde yo me quedé dormido. Creo que, si no me hubiera ido a dormir, no lo habría negado, pero estaba abrumado. Recuerdo que lo último que le escuché decir antes de quedarme dormido fue: 'Padre mío, si es posible, pase de mí esta copa; pero no sea como yo quiero, sino como tú' (Mt. 26: 39b). Y, cuando desperté, un ángel se paró justo donde estás parado ahora y le habló. Vi grandes gotas de sangre salir de los poros de Jesús y rodar por sus mejillas. No pasó mucho tiempo antes de que Judas viniera a traicionarlo. Luego, lo escuché decirle a Judas, tan amablemente: '¿Con un beso entregas al Hijo del Hombre?' (Lc. 22: 48). Allí mismo lo ataron y se lo llevaron. Esa noche, mientras lo juzgaban, yo lo negué".

Al día siguiente, Pedro invitó a Pablo a otra caminata. Ese día fueron al Calvario, y cuando llegaron a la colina, Pedro dijo: "Aquí, Pablo, este es el lugar donde murió por ti y por mí. ¿Ves ese agujero justo allí? Ahí es donde estaba su cruz. El ladrón creyente colgaba aquí y el ladrón incrédulo del otro lado. María Magdalena y María Su madre se quedaron en ese lugar, y yo me alejé de la multitud. La noche anterior, cuando lo negué, me miró con tanto amor que me rompió el corazón; no soportaba verlo de cerca. Esa fue la hora más oscura de mi vida. Tenía la esperanza de que Dios intercedería y lo bajara de la cruz. Hice un esfuerzo muy grande por oírlo... pensé que escucharía Su voz". Y el Dr. Bonar relató cómo se imaginó toda la escena, cómo clavaron la lanza en su costado y le pusieron la corona de espinas en la frente, y todo lo que sucedió.

Al día siguiente, Pedro volvió a invitar a Pablo a caminar. Nuevamente, pasearon por las calles de Jerusalén, junto al arroyo Cedrón, por el Monte de los Olivos, hasta Betfagé, y luego fueron hacia la ladera cerca de Betania. De repente, Pedro se detuvo y dijo: "Este, Pablo, es el último lugar donde lo vi. Nunca lo escuché hablar tan dulcemente como lo hizo ese día. Fue justo aquí donde nos entregó su último mensaje, y en un momento noté que sus pies no tocaban el suelo. Se elevó y subió. Una nube apareció y lo sacó de nuestra vista. Me quedé justo en este lugar, mirando al cielo, con la esperanza de verlo nuevamente, de escucharlo hablar. Y dos hombres vestidos de blanco descendieron y se pusieron a nuestro lado y dijeron: 'Varones galileos, ¿por qué estáis mirando al cielo? Este mismo Jesús, que ha sido tomado de vosotros al cielo, así vendrá como le habéis visto ir al cielo' (Hch. 1: 11).

Mis amigos, quiero hacerles esta pregunta: ¿Creen que esa imagen es exagerada? ¿Creen que Pedro tuvo a Pablo como su invitado y no lo llevó a Getsemaní, al Calvario y al Monte de los Olivos? Yo mismo pasé ocho días en Jerusalén, y todas las mañanas deseaba ir al jardín donde mi Señor sudó grandes gotas de sangre. Todos los días subía al Monte de los Olivos y miraba hacia el cielo azul donde se dirigió a Su Padre. No tengo dudas de que Pedro llevó a Pablo a esos tres paseos. Si alguien pudiera haberme llevado al mismo lugar donde el Maestro sudó esas grandes gotas de sangre, ¿crees que no le habría rogado que lo hiciera? Si él me hubiera dicho dónde podría encontrar el lugar donde los pies de mi Maestro tocaron por última vez esta tierra maldita por el pecado, antes de ascender, ¿creen que no habría tenido que llevarme?

Predicación elocuente

Sé que hay una clase de personas que dicen la predicación directa no vale la pena. "La gente quiere algo elocuente". Bueno, no hay duda, hay algunos que quieren escuchar sermones bien expuestos, pero los olvidan en el plazo de un día.

Es bueno que un ministro tenga la reputación de alimentar a su pueblo. Una vez, un hombre fabricó una abeja artificial tan bien lograda que parecía real, y desafió a otro a descubrir la diferencia. La imitación zumbó como una abeja viva y se veía prácticamente idéntica. El otro dijo: "De acuerdo, coloca las dos abejas en el suelo, yo encontraré la diferencia rápido". Así se hizo y, acto seguido, el desafiado colocó una gota de miel en el suelo y la abeja viva fue a comerla. Así es con nosotros. Hay muchas personas que profesan ser cristianas, pero son artificiales y no saben cuándo les das miel. Las verdaderas abejas siempre buscan la miel. La gente puede llevarse bien sin tus teorías y opiniones. "Así dice el Señor". Sí, eso es lo que necesitamos: Palabra de Dios.

CAPÍTULO 6:
DEDICACIÓN

Dios no quiere que leamos la Biblia. No se trata simplemente de leer. Él nos exhorta una y otra vez a "buscar" o "escudriñar".

En Hechos 17: 11 encontramos: "Y éstos eran más nobles que los que estaban en Tesalónica, pues recibieron la palabra con toda solicitud, escudriñando cada día las Escrituras para ver si estas cosas eran así".

Y Nehemías 8: 8 dice: "Y leían en el libro de la ley de Dios claramente, y ponían el sentido, de modo que entendiesen la lectura".

Debemos estudiar a fondo e investigar para obtener una gran verdad. Si un amigo viera que estoy en la calle cabizbajo, buscando algo, y me preguntara: "Moody, ¿qué estás buscando? ¿Has perdido algo?", y yo respondiera: "No, no he perdido nada; no busco nada en particular", supongo que me dejaría solo y me consideraría un tonto. Pero si le respondiera: "Sí, he perdido dinero", entonces, seguramente, me ayudaría a buscar. Lean la Biblia, mis amigos, como si estuvieran buscando algo de valor. Es mucho mejor tomar un solo capítulo y pasar un mes explorándolo, que leer la Biblia aleatoriamente durante un mes.

Solía leer tantos capítulos de la Biblia al día, que, si no superaba mi cantidad habitual, creía que me estaba enfriando y retrocediendo casilleros. Pero, fíjate esto: si alguien me hubiera preguntado dos horas después de mi lectura qué había entendido, no habría podido responderle; lo olvidaba casi todo.

Cuando era niño solía, entre otras cosas, cosechar maíz en una granja; estaba tan preocupado por cubrir terreno —y por hacerlo lo más rápido posible— que no prestaba atención. Entonces, dejaba un palo clavado en el suelo para, a la mañana siguiente, saber dónde me había quedado. De alguna manera, leer tantos capítulos de la Biblia por día es algo parecido. Es como si un hombre le preguntara a su esposa: "¿Recuerdas si ya leímos este capítulo?" y ella no lo supiera. Ninguno sabría por dónde va. Y, tal vez, él se lo pasaría leyendo el mismo capítulo una y otra vez y estuviera convencido de estar "estudiando la Biblia". Sinceramente, no creo que haya un libro en el mundo que descuidemos tanto como la Palabra de Dios.

Adoración familiar

Cuando leas la Biblia en el culto familiar o en tu devocional, busca pasajes adecuados. ¿Qué pensarías de un ministro que sube al púlpito el domingo, abre la Biblia en cualquier página y comienza a leer? Esto es lo que la mayoría de los hombres hacen en los cultos familiares. También podrían ir a una farmacia y pedir e ingerir la primera medicina que vieran.

Los niños se interesarían más en los cultos familiares si el padre se tomara el tiempo de buscar algún pasaje que se adaptara a una necesidad especial. Por ejemplo, si algún miembro de la familia está a punto de viajar, lee el Salmo 121. En tiempo de problemas, lee el Salmo 91.

Cuando el transatlántico *Spree*, en el que viajábamos en noviembre de 1892, sufrió un terrible accidente mientras cruzábamos el Atlántico y nadie a bordo esperaba vivir para otro día, celebramos una reunión de oración en la que leí una parte del Salmo 107:

- Los que descienden al mar en naves,
- Y hacen negocio en las muchas aguas,
- Ellos han visto las obras de Jehová,
- Y sus maravillas en las profundidades.
- Porque habló, e hizo levantar un viento tempestuoso,
- Que encrespa sus ondas.
- Suben a los cielos, descienden a los abismos;
- Sus almas se derriten con el mal.
- Tiemblan y titubean como ebrios,
- Y toda su ciencia es inútil.
- Entonces claman a Jehová en su angustia,
- Y los libra de sus aflicciones.
- Cambia la tempestad en sosiego,
- Y se apaciguan sus ondas.
- Luego se alegran, porque se apaciguaron;
- Y así los guía al puerto que deseaban.
- Alaben la misericordia de Jehová,
- Y sus maravillas para con los hijos de los hombres.

(Sal. 107: 23-31)

Al terminar, se me acercó una señora y me dijo que lo había inventado para adaptarme a la ocasión.

Preguntas útiles para el estudio de la Biblia

Hay algunas preguntas que podrían ayudarte a sacar provecho de cada versículo y pasaje de las Escrituras. Pueden usarse en el culto familiar, en el estudio de la lección de la escuela dominical, para una reunión de oración o en una lectura privada. Sería bueno que preguntas como estas estuvieran pegadas en el frente de cada Biblia:

1) ¿Sobre qué personas he leído y qué he aprendido sobre ellas?
2) ¿Sobre qué lugares he leído y qué he leído sobre ellos? Si no se menciona el lugar, ¿puedo averiguar dónde está? ¿Conozco su posición en el mapa?
3) ¿El pasaje se refiere a algún momento particular en la historia de los hijos de Israel o se centra en algún personaje principal?
4) ¿Puedo decir de qué se trata lo que acabo de leer?
5) ¿Hay pasajes o textos paralelos que iluminen este pasaje?
6) ¿He leído algo sobre Dios el Padre? ¿Y acerca de Jesucristo? ¿Algo sobre el Espíritu Santo?
7) ¿Qué he leído sobre mí? ¿Sobre la naturaleza pecaminosa del hombre? ¿Y acerca de la nueva naturaleza espiritual?
8) ¿Hay algún deber que deba cumplir? ¿Algún ejemplo a seguir? ¿Alguna promesa que pueda tomar? ¿Alguna exhortación para mi vida? ¿Alguna oración de la que pueda hacerme eco?
9) ¿Cómo es de provechosa esta Escritura para la doctrina, para la exhortación, para la corrección o para la instrucción?
10) Estos pasajes, ¿contienen el Evangelio de alguna manera?
11) ¿Cuál es el versículo clave del capítulo o pasaje? ¿Puedo repetirlo de memoria?

CAPÍTULO 7:
SÉ RESPONSABLE

Alguien dijo que hay cuatro cosas necesarias en el estudio de la Biblia: admitir, someterse, recordar y transmitir. Primero, admitir su verdad; segundo, someterse a sus enseñanzas; tercero, guardarlo en la memoria; y cuarto, transmitirlo. Si la vida cristiana es algo bueno para ti, pásasela a otra persona.

Ahora quiero contarte cómo estudio la Biblia. David no se sintió cómodo con la armadura de Saúl; y quizás tú no puedas utilizar mis métodos. Sin embargo, puedo ofrecerte algunas sugerencias que te ayudarán. Spurgeon solía preparar su sermón del domingo por la mañana la noche anterior. Si yo lo intentara, fracasaría.

Aliméntate a ti mismo

Cuanto más rápido aprendas a alimentarte, mejor. Me duele profundamente en el corazón que personas que asistan a alguna iglesia o capilla hace, digamos, cinco, diez o veinte años, aún no hayan aprendido a alimentarse.

Tú sabes que siempre se considera un gran evento en la familia cuando un niño puede alimentarse solo. Se apoya en la mesa y al principio, quizás, usa la cuchara al revés pero, poco a poco, comienza a hacerlo bien, y algún miembro de la familia celebra: "¡Miren! ¡El bebé se está alimentando solo!". Bueno, lo que necesitamos como cristianos es poder alimentarnos solos. ¿Cuántos se sienten indefensos o indiferentes, con la boca abierta, hambrientos de cosas espirituales, y el ministro tiene que tratar de alimentarlos, mientras la Biblia es una fiesta ya preparada de la que nunca participan?

Hay muchos que han sido cristianos durante veinte años y todavía tienen que ser alimentados con una cuchara eclesiástica. Si tienen un ministro que los alimenta, les va bastante bien; pero, si no lo tienen, no se alimentan en absoluto. Esta es la prueba de que eres un verdadero hijo de Dios: que ames y te alimentes de la Palabra de Dios por ti mismo. Si sales a tu jardín y arrojas un poco de aserrín, los pájaros no se darán cuenta; pero si arrojas algunas migajas, encontrarás que pronto bajarán y las recogerán. El verdadero hijo de Dios puede notar la diferencia, por así decirlo, entre el aserrín y el pan. Muchos de los llamados *cristianos* viven del aserrín del mundo en lugar de alimentarse del Pan que desciende del cielo. Nada puede satisfacer los anhelos del alma sino la Palabra del Dios viviente.

La ley de la perseverancia

La mejor ley para el estudio de la Biblia es la ley de la perseverancia. El salmista dice: "Señor, yo me ciño a tus testimonios" (Sal. 119: 31a). La aplicación a la Palabra tenderá a tu crecimiento interno y eso se verá en tu exterior. Algunas personas son como un viaje en tren expreso: avanzan tan rápido que no pueden ver nada.

Conocí a un abogado en Chicago que me dijo que había pasado dos años estudiando un tema; él estaba tratando de desacreditar un testamento de herencia. Se ocupó de leer todo el material que hubiera sobre el tema. Luego, fue a la corte y habló dos días sobre esa voluntad; estaba lleno de su objeto de estudio; no podía hablar de otra cosa que no fuesen testamentos. Así es con la Biblia: estudia y estudia, un tema a la vez, hasta que te llenes de ella.

Lee la Biblia: no pases todo tu tiempo con comentarios y ayudas. Si un hombre pasara todo su tiempo solo leyendo los componentes químicos del pan y la leche en lugar de consumir el alimento final, pronto moriría de hambre.

Los tres libros necesarios

Hay tres libros que creo que todo Cristiano debería poseer.

El primero, por supuesto, es la Biblia. Creo fundamental conseguir una buena Biblia con un buen tamaño y tipo de letra; simple, que se entienda. No tengo mucho amor por esas pequeñas Biblias que tienes que sostener pegadas a tu nariz para alcanzar a leerlas; si la iglesia no tiene buena luz, el texto se convierte en una simple mezcla de palabras. Lo sé; no podrás llevar una Biblia tan grande en tu bolsillo. Muy bien, entonces, llévala debajo de tu brazo; y si tienes que caminar ocho kilómetros, estarás predicando un sermón de ocho kilómetros de longitud. Conocí a un hombre que se convirtió solo por ver que otro llevaba una Biblia debajo del brazo. No te avergüenzas de llevar himnarios y libros de oraciones; pues la Biblia vale todos los himnarios y libros de oraciones del mundo juntos. Por otro lado, si obtienes una buena Biblia, es probable que quieras cuidarla mucho. Supongamos que pagas diez dólares por ella; cuanto más viejo seas, más preciosa será para ti. Entonces, asegúrate de no comprar una tan buena que te dé pena subrayar. No me gustan las Biblias con bordes dorados que parece que nunca se hubieran usado.

En segundo lugar, te aconsejo que obtengas una concordancia. En mis cinco primeros años como cristiano, nunca supe que existiera algo por el estilo. Cierta vez, discutí con un escéptico de Boston. Yo no sabía nada sobre la Biblia, sin embargo, traté de defenderla junto con el cristianismo. El hombre hizo una cita errónea y le dije que lo que había dicho no estaba en la Biblia: busqué durante días y días para hallar su error. Si hubiera tenido una concordancia, podría haberlo encontrado de inmediato. Es bueno que, de vez en cuando, los ministros le recomienden a la gente un buen libro. Puedes encontrar cualquier parte o cualquier versículo en la Biblia simplemente recurriendo a una concordancia.

En tercer lugar, consigue una Biblia temática.

Estos tres libros te ayudarán a estudiar y aprovechar la Palabra de Dios. Si no los posees, consíguelos de inmediato; todo cristiano debería tenerlos.

Libros de lecciones y la Biblia

Creo que los maestros de escuela dominical cometen un error lamentable si no utilizan toda la Biblia en sus clases de escuela dominical. No importa cómo son los niños pequeños, déjalos entender que es un libro, que no hay dos diferentes: el Antiguo Testamento y el Nuevo son uno. No dejes que piensen que el Antiguo Testamento no viene a nosotros con la misma autoridad que el Nuevo. Para un niño o una niña es grandioso saber cómo manejar la Biblia. ¿Para qué sirve un ejército si no sabe cómo manejar sus espadas? Hablo muy enérgicamente sobre esto porque conozco algunas escuelas dominicales que no tienen una sola Biblia en sus clases. En cambio, tienen libros de lecciones con preguntas que, un renglón debajo, son respondidas. Con algo así, no necesitas estudiar tu lección. Son ideales para maestros perezosos. Yo mismo he visto gente entrar a la clase con un libro de estos y equivocarse en medio de la lección. Cuando descubren su error, comienzan de nuevo. He visto tomar un examen similar a este:

- Juan, ¿quién fue el primer hombre?— preguntó el maestro.
- Matusalén.
- No; yo creo que no; déjame ver —dice, mientras revisa el libro—. No, no es Matusalén. Intenta adivinar de nuevo.
- Elías.
- No.
- Adán.
- ¡Eso es! ¡Se nota que estudiaste mucho tu lección!

Ahora, me gustaría saber qué va a hacer un niño con ese tipo de maestro o con ese tipo de enseñanza. Esa es la clase de enseñanza que no tiene valor y que no produce resultados. No creas que condeno las pequeñas ayudas. Creo en aprovechar toda la luz que puedas obtener. Lo que debes hacer, cuando tengas que dar clases, es venir preparado para explicar la lección sin el uso de una concordancia. Incorpora la palabra de Dios; llévala contigo a donde vayas.

A menudo, encontrarás hogares donde hay una Biblia familiar, pero la madre tiene tanto miedo de que los niños la rompan que la guarda y, de vez en cuando, se les permite verla. Están más interesados en el álbum de fotos familiar que en la Biblia: cuándo nació el bebé, cuando se casaron papá y mamá, etc.

Yo nací en el campo. Cuando llegué a la ciudad de Boston, fui a una clase bíblica donde había algunos estudiantes de Harvard. Me entregaron una Biblia y me dijeron que la lección era sobre Juan. Busqué la ubicación de Juan en todo el Antiguo Testamento, pero no pude encontrarlo. Vi a los muchachos encogerse de hombros mientras murmuraban entre ellos: "Es un simple chico del campo". Ese es el momento en que te das cuenta de que no quieres ser considerado un ignorante. El maestro vio mi vergüenza y me entregó su Biblia. Marqué la ubicación con el pulgar; no me rendí. Ese día me prometí que, si salía de ese aprieto, nunca más me pasaría algo así. ¿Por qué cuesta tanto convencer a los jóvenes de dieciocho o veinte años para que asistan a una clase bíblica? Porque no quieren exponer su ignorancia. No hay nada más fascinante que una clase bíblica en vivo. Creo que tenemos la culpa de que la escuela dominical los haya educado con libros de preguntas y respuestas en lugar de hacerlo con la Biblia. El resultado es que los niños crecen sin saber cómo manejarla. No saben dónde está Mateo, no saben dónde está la Carta a los Efesios, no saben dónde encontrar Hebreos ni ninguno de los diferentes libros. Se les debe enseñar cómo manejar toda la Biblia, y los maestros de escuela dominical pueden hacerlo si llevan la Biblia a la clase y hablan de ella. Y no hay excusas: nunca ha sido tan fácil acceder a una Biblia.

Hace algún tiempo, surgió una pregunta en una gran clase bíblica. Cuando fueron a consultar la Biblia, ¡descubrieron que no había ni una sola! ¡Una clase bíblica sin Biblia! Es como un médico sin medicamentos o un ejército sin armas. Entonces, fueron a los bancos de la iglesia, pero no pudieron encontrar ninguna. Finalmente, fueron al púlpito, tomaron la Biblia que estaba ahí y resolvieron la duda. Estamos haciendo progresos maravillosos, ¿no? Los libros guía son buenos como ayuda para estudiar la lección, pero, si van a desplazar a las Biblias de nuestras escuelas dominicales, creo que será mejor prescindir de ellos.

CAPÍTULO 8:
CÓMO NOS ACERCAMOS A LA BIBLIA

Hay dos formas opuestas de estudiar la Biblia. Una es con un telescopio: haces un gran barrido de un libro entero y tratas de descubrir el plan de Dios en él. La otra manera es con un microscopio, tomas un verso a la vez, lo diseccionas y lo analizas. Por ejemplo, si eliges Génesis, encuentras que es la semilla de toda la Biblia; nos habla de Vida, Muerte, Resurrección; involucra todo el resto del Libro.

El método telescópico

Job

Una vez, hablé con un inglés:

Sr. Moody, ¿alguna vez notó que el libro de Job es la clave de toda la Biblia? ¡Si entiende a Job, entenderá todo!

No —respondí— nunca lo noté. ¿Job, la clave de toda la Biblia? ¿Cómo descifró eso?

Sí. Divido a Job en siete partes. La primera es "un hombre perfecto que nunca fue probado". Eso es lo que Dios dijo sobre Job; como Adán en el Edén, que era perfecto cuando estaba allí. La segunda parte es: "un hombre probado por la adversidad". Job cayó, igual que Adán en el Edén. La tercera es "la sabiduría del mundo". El mundo trató de restaurar a Job; tres sabios amigos quisieron ayudarlo. Era la sabiduría del mundo representada por esos hombres. No se puede encontrar ningún lenguaje y sabiduría tan elocuente en ningún otro lado, en ninguna parte del mundo, como la de esos tres hombres. Pero no conocían la gracia y, por lo tanto, no pudieron ayudar a Job.

Eso es justo lo que los amigos de Job intentan hacer; y el resultado es que fallan; la sabiduría del hombre nunca lo hizo mejorar. Estos tres no ayudaron a Job; al contrario, lo hicieron más infeliz. Alguien dijo que el primer hombre le dio un buen empujón; entonces el segundo y el tercero hicieron lo mismo; los tres le dieron tres buenos empujones a Job, pero no lograron nada.

El inglés terminó:

Luego, en cuarto lugar, entra el mediador, que es Cristo. En quinto, Dios habla; y, en sexto lugar, Job aprende su lección. "Yo había oído hablar de ti, pero ahora mis ojos te ven. Por lo tanto, me retracto de lo dicho, y me humillo hasta el polvo y las cenizas" (Job. 42: 5-6). Y Job baja a la miseria. La séptima parte es esta: Dios lo restaura.

Gracias a Dios, es igual con nosotros, y nuestro último estado es mejor que el primero.

Un amigo mío me dijo: "Mira, Moody, Dios le dio a Job el doble de todo". Dios llevó a sus primeros hijos al cielo y luego le dio más. De modo que Job tenía diez hijos en el cielo y diez en la tierra; una gran familia. Podemos aprender esto, también: cuando nos quitan a nuestros hijos, no se nos pierden, simplemente se van antes.

A continuación, déjame llevarte a través de los cuatro Evangelios. Comencemos con Mateo.

Mateo

Cuando voy a visitar una ciudad, suelen ofrecerme: "Deberías incluir a tal hombre en tu comité; no tiene nada que hacer, por lo que dispone de mucho tiempo". Entonces respondo: "No, gracias. No quiero a alguien que no tenga nada que hacer". Cristo encontró a Mateo sentado en la oficina de recaudación. El Señor tomó a alguien que encontró en el trabajo y que continuó trabajando. No sabemos mucho sobre lo que hizo, excepto que escribió este Evangelio. ¡Pero qué libro! No sabemos de dónde vino ni qué fue de Mateo. Su antiguo nombre, Leví, se fue con su antigua vida.

Se supone que se escribió unos doce años después de la muerte de Cristo, y es uno de los primeros Evangelios escritos. Contiene el mejor relato de la vida de Jesús. Te das cuenta de que es el último mensaje de Dios a la nación judía.

Mateo no habla de la ascensión de Cristo, sino que termina su relato cuando todavía está en la tierra.

Marcos sí habla de su resurrección y ascensión.

Lucas habla de su resurrección, ascensión y la promesa de un consuelo.

Juan da un paso más y dice que Cristo regresará.

Hay más citas en Mateo que en cualquiera de los otros Evangelios; creo que alrededor de cien. Él intenta convencer a los judíos de que Jesús es el hijo de David, el rey legítimo. Habló mucho sobre el reino, sus misterios, el ejemplo del reino, la sanación de los enfermos, los principios del reino establecidos en el Sermón del Monte, y sobre el rechazo al rey. Cuando alguien toma un reino, establece los principios sobre los cuales va a gobernarlo o conducirlo.

Ahora, permíteme llamar tu atención sobre cinco grandes sermones. En estos tienes un buen resumen de todo el libro:

1) El sermón del monte. Observa cuántas cosas cotidianas menciona Jesús en su sermón: sal, luz, velas, abrigo, lluvia, ropero, polillas, óxido, ladrones, ojos, aves de corral, lirios, hierba, perros, pan, pescado, puerta, uvas, espinas, higos, cardos y rocas.

Al viajar por Palestina, alguien dijo que no creía que hubiera algo allí que Cristo no haya usado como ilustración. En estos días, muchas personas tienen miedo de utilizar cosas comunes, pero, ¿no crees que es mejor recurrir a cosas que las personas puedan entender, en lugar de hablar de manera complicada? La gente puede entender fácilmente si usas la imagen de una vela o una roca, especialmente si sabemos que Palestina es una zona rocosa. Cristo utilizó cosas comunes como ilustraciones y habló de forma que todos pudieran entenderlo.

Una mujer en Gales dijo que sabía que Cristo era galés, y un inglés respondió: "No, era judío". Ella declaró que sabía que él era galés, porque habló de manera que ella pudo entenderlo. Cristo no tenía un periodista o un redactor que lo acompañara, encargado de escribir e imprimir sus sermones, y sin embargo la gente los recuerda. No te preocupes por las oraciones bien logradas y los signos de puntuación, más bien, presta atención a que tus sermones sean claros para que permanezcan. Utiliza los señuelos que les gusten a tus oyentes.

La Ley mosaica se dio en una montaña y, aquí, Cristo establece Sus principios en una montaña. La ley de Moisés se aplica a los actos públicos, pero este sermón se aplica a la vida interior. Como el sol brilla más que una vela, el sermón del monte brilla más que la ley de Moisés. Nos dice qué tipo de cristianos deberíamos ser: luces en el mundo, la sal del mundo, silenciosos en nuestras acciones, pero de gran efecto.

En este sermón, Jesús dice doce veces "De cierto te digo".

2) El segundo gran sermón fue entregado a los doce en el capítulo 10. Una y otra vez encuentras dichos usualmente utilizados, por ejemplo: "Sacúdanse el polvo de los pies" o "den gratuitamente lo que gratuitamente recibieron".

3) El sermón al aire libre (Mt. 13). Este sermón contiene siete parábolas. Es como un collar de perlas. ¿Quieres impactar cuando predicas en la calle? Tienes que hablar de una manera brillante y nítida, si deseas que la gente te escuche. Debes aprender a pensar según donde pisan tus pies. Una vez, había un joven predicando en las calles de Londres. De pronto, apareció un no creyente y dijo: "El hombre que descubrió el gas hizo más por el mundo que Jesucristo". El joven no pudo responderle y la multitud se rió de él. Pero otro hombre que estaba allí replicó: "Por supuesto, este hombre tiene derecho a opinar. Supongo que si se estuviera muriendo pediría que viniera el instalador de gas; sin embargo, creo que debería llamar a un ministro y pedirle que lea Juan 14". Las risas ahora caían sobre el no creyente.

4) El sermón a los escribas y fariseos (Mt. 23); el último llamamiento de Cristo a la nación judía. Compara estos ocho "ay de ustedes" con las nueve bienaventuranzas. Podemos notar que el cierre de este sermón es el más fuerte de todo el ministerio de Cristo. "¡Miren cuán desolada se queda la casa de ustedes!" (Mt. 23: 38). Hasta ese momento había sido "la casa de mi Padre" o "mi casa", pero ahora es "la casa de ustedes". No pasó mucho tiempo hasta que el emperador Tito llegó y arrastró con Jerusalén. Abraham nunca amó a Isaac más de lo que Jesús amó a la nación judía. Fue difícil para Abraham abandonar a Isaac, pero más difícil para el Hijo de Dios renunciar a Jerusalén.

5) El quinto sermón fue dirigido a sus discípulos (Mt. 24). ¡Qué poco entendieron! Cuando el corazón de Jesús se rompía de tristeza, ellos estaban distraídos por edificios del templo.

El primer sermón fue dado en el monte; el segundo y el tercero en Capernaúm; el cuarto en el templo; el quinto en el monte de los Olivos.

En el Evangelio de Mateo no hay nada que se diga sobre el infierno, el cielo, la tierra, el mar, el aire o la tumba que no testifique a Cristo como el Hijo de Dios. Los demonios gritaron, los peces entraron en las redes bajo Su influencia, el viento y las olas le obedecieron.

Resumen: Nueve bienaventuranzas; ocho "ay de ustedes"; siete parábolas consecutivas; diez milagros consecutivos; una serie de cinco sermones; cuatro profecías sobre Su muerte.

Marcos

Los cuatro Evangelios son independientes entre sí; ninguno fue copiado del otro. Pero todos se complementan y nos ofrecen cuatro perspectivas de Cristo.

Mateo escribe para los judíos.

Marcos escribe para los romanos.

Lucas escribe para los gentiles conversos.

No encuentras sermones largos en Marcos. Los romanos eran ágiles y tuvo que condensar las cosas para que el mensaje les llegara. Las palabras *ya*, *directamente* e *inmediatamente* aparecen frecuentemente en este evangelio. Hay una sensación de apuro, de un ritmo constante, como si no hubiera pausa en el ministerio de Cristo.

Lucas nos cuenta que Cristo recibió a los niños, pero Marcos dice que los tomó en sus brazos. Es más dulce, ¿no?

El quinto capítulo es, quizás, el más sobresaliente. Aquí encontramos tres eventos negativos —demonios, enfermedades y muerte— que escapan del alcance del hombre, solucionados por Cristo. El primer caso es el de un hombre poseído por demonios. No podían atarlo, encadenarlo ni calmarlo. Supongo que muchos hombres y mujeres le temían. ¡Si la gente tiene miedo de un cementerio a la luz del día, imagina cuánto más de un hombre endemoniado que da alaridos mientras se pasea entre las tumbas! Este sujeto le gritó a Jesús: "¿Qué tienes conmigo, Jesús, Hijo del Dios Altísimo? Te conjuro por Dios que no me atormentes" (Mr. 5: 7). Pero Jesús no tenía nada con él; había venido a ayudarle.

El siguiente caso es el de la mujer con el problema del sangrado. Si hubiera estado viviendo hoy, supongo que habría probado todos los medicamentos patentados. Le habríamos declarado la emergencia y la hubiéramos enviado al hospital. Alguien dijo: "Había más medicina en el dobladillo de la túnica de Jesús que en todas las farmacias de Palestina". Ella simplemente lo tocó y quedó sana. Cientos de personas tocaron a Jesús, pero no obtuvieron nada. ¿Puedes diferenciar un toque de fe y uno común en medio de una multitud?

El último caso es el de la hija de Jairo. Podemos ver cómo la manifestación del poder de Jesús va en aumento en cada caso porque, cuando llegó a la casa de Jairo, la niña estaba muerta, pero Él la resucitó. No dudo de que, tras bambalinas, en los concilios secretos de la eternidad, se haya designado que Él debía estar allí justo en ese momento.

Recuerdo que una vez me pidieron que oficiara el servicio en un funeral. Busqué en los cuatro evangelios algún sermón fúnebre de Cristo. ¿Sabes qué?

Él nunca predicó ninguno. Deshizo todos los funerales a los que asistió. Los muertos se despertaron al oír Su voz.

Lucas

Llegamos al evangelio de Lucas. Su nombre no aparece en este libro ni en Hechos (lo encontrarás solo tres veces: en Colosenses, Timoteo y Filemón). Se mantiene en segundo plano. Ni siquiera sabemos su ascendencia ni nacionalidad. Por mi parte, observo que un buen número de trabajadores cristianos arruinan todo en el afán de hacerse famosos.

Lo primero que vemos de Lucas es en Hechos 16:10: "Cuando vio la visión, en seguida procuramos partir para Macedonia, dando por cierto que Dios nos llamaba para que les anunciásemos el evangelio". No afirmó ser un testigo ocular del ministerio de Cristo ni uno de los setenta. Algunos piensan que sí, pero él no reclama un lugar. Se supone que su evangelio se basa en la prédica de Pablo, al igual que el de Marcos en la de Pedro. También se le llama el *evangelio de los gentiles*, y se supone que fue escrito cuando Pablo estuvo en Roma, alrededor del 27 d. C. Un tercio de este libro se deja afuera en los otros evangelios. Un dato diferencial es que inicia con una nota de alabanza: "Y tendrás gozo y alegría, y muchos se regocijarán de su nacimiento" (Lc. 1: 14). Y cierra de la misma manera: "Ellos, después de haberle adorado, volvieron a Jerusalén con gran gozo; y estaban siempre en el templo, alabando y bendiciendo a Dios. Amén" (Lc. 24: 52-53).

Canon Farrar ha señalado que, en Lucas, tenemos un evangelio de siete partes:

1) *Es un evangelio de alabanza y canción.* Encontramos aquí las canciones de Zacarías, Isabel, María, Simeón, los ángeles ,y otros. Alguien escribió esta maravilla sobre Simeón:

   Lo que Simeón quería era ver al Señor Jesucristo. La incredulidad le sugería:

   'Eres un hombre viejo, tus días están a punto de terminar, la nieve de la edad está sobre tu cabeza, tus ojos están cada vez más apagados, tu frente está arrugada, tus extremidades se tambalean y la muerte está casi sobre ti: y, ¿dónde están las señales de Su venida? Simeón, estás parado sobre tu imaginación; todo lo que esperas es solo una ilusión'.

   'No —respondió Simeón— no veré la muerte hasta que haya visto al Señor Jesucristo; lo veré antes de morir'.

Me imagino a Simeón, paseando una hermosa mañana por uno de los encantadores valles de Palestina. Camina y medita en el gran tema que ocupa su mente. En el sendero, se encuentra con un amigo:

- La paz sea contigo; ¿has escuchado las extrañas noticias? —pregunta su amigo.
- No, ¿qué novedades hay? —responde Simeón.
- ¿No conoces al sacerdote Zacarías?
- Sí, lo conozco.
- Bien, Según la costumbre del oficio del sacerdote, su labor es quemar incienso en el templo del Señor mientras toda la multitud de la gente lo espera afuera. Cuando estaba por hacerlo, se le apareció un ángel en el lado derecho del altar, y le dijo que iba a tener un hijo al que debía llamar *Juan*. Le dijo que su hijo sería agradable a los ojos del Señor, y que llegaría antes que el Mesías para preparar a un pueblo para el Señor. El ángel era Gabriel, de pie en la presencia de Dios. Como Zacarías no creyó, se quedó mudo.
- ¡Oh! —exclama Simeón— Eso cumple la profecía de Malaquías. ¡Este es el precursor del Mesías! ¡La estrella de la mañana! ¡El Mesías está cerca! ¡Aleluya! ¡El Señor vendrá repentinamente a Su templo! ¡El tiempo se acerca!

Más tarde, imagino a Simeón siendo nuevamente abordado por uno de sus vecinos:

- Hola, Simeón, ¿has oído las noticias?
- ¿Qué noticias? Parece que todos tienen una historia que contar.
- Resulta ser que una compañía de pastores vigilaba sus rebaños de noche en las llanuras de Belén. Era la hora más tranquila de la noche, y la oscuridad lo cubría todo. De repente, una luz brilló alrededor de los pastores, ¡una luz más potente que el sol del mediodía! Levantaron la vista y, justo encima de ellos, había un ángel que les dijo: "¡No temáis, les traigo buenas noticias de gran alegría, que serán para toda la gente!" (Lc. 2: 10).
- Este es el Señor Jesucristo! No moriré hasta haberlo visto —dijo Simeón. Y luego, pensó en traer al niño al Templo para presentárselo al Señor.

Simeón fue día tras día al templo a la espera de ver llegar a Jesús. Tal vez, alguna mañana, la incredulidad le sugirió: "Será mejor que te quedes en casa hoy, está muy húmedo afuera; has ido todos los días y no lo has encontrado, no pasará nada si te ausentas una vez". Pero el Espíritu fue más fuerte: "No. Será mejor que vayas al templo".

Sin duda alguna, Simeón se paraba en algún lugar desde donde podía observar atentamente la puerta. Examinaba la cara de cada niño mientras una madre tras otra traía a su bebé para presentarlo. "No, no es Él", decía, sistemáticamente. Hasta que, finalmente, la Virgen apareció y el Espíritu le mostró que ese era el Salvador tan esperado. Entonces tomó al niño en sus brazos, lo presionó contra su pecho, bendijo a Dios y dijo: "Ahora, Señor, despides a tu siervo en paz, conforme a tu palabra; porque han visto mis ojos tu salvación" (Lc. 2: 29-30).

2) *Es un evangelio de acción de gracias*. Glorificaron a Dios cuando Jesús sanó al hijo de la viuda en Naín y cuando el ciego recibió la vista.

3) *Es un evangelio de oración*. Aprendemos que Cristo oró cuando fue bautizado, y casi todos los grandes eventos en su ministerio fueron precedidos por la oración. Si quieres conocer el Cielo, debes buscarlo de rodillas. Hay dos parábolas sobre la oración: la del amigo a medianoche (Lc. 11: 5-8) y la del juez injusto (Lc. 18: 1-8).

4) *Es el evangelio de la feminidad*. Solo Lucas registra lo amoroso que fue Cristo con las mujeres. La joya más preciosa de la corona de Cristo fue lo que hizo por ellas.

Una vez, un hombre me sugirió que Mahoma había hecho más por las mujeres que Cristo. Le respondí que, si conociera algún país musulmán, se avergonzaría de sí mismo por tal comentario. Allí se preocupan más por sus burros que por sus esposas y madres.

Otro hombre dijo que, cuando Dios creó la vida, comenzó por las formas más bajas de la vida animal y subió hasta llegar al hombre. Al no estar del todo satisfecho, creó a la mujer. Fue levantada en lo más alto.

5) *Es el evangelio de los pobres y humildes*. Cuando les predico a "chicos rudos" en la calle, generalmente enseño a Lucas. Aquí están los pastores, los campesinos, el incidente del hombre rico y Lázaro. Este evangelio nos muestra que: "El Espíritu de Jehová el Señor está sobre mí, porque me ungió Jehová; me ha enviado a predicar buenas nuevas a los abatidos, a vendar a los quebrantados de corazón, a publicar libertad a los cautivos, y a los presos apertura de la cárcel" (Is. 61: 1). Es un día muy oscuro para una iglesia cuando se descubre que no aceptan a la gente común.

Whitfield trabajó entre los mineros y Wesley entre la gente común. Si quieres a los pobres, hazles saber que quieres que vengan.

6) *Es un evangelio para los perdidos*. La mujer con los siete demonios, y el ladrón en la cruz ilustran esto. Además de las parábolas de la oveja perdida, la pieza de plata perdida y el hijo perdido.

7) *Es un evangelio de tolerancia*. "El que gana almas es sabio" (Pr. 11: 30b). ¿Quieres ganar personas? No las dirijas ni las regañes. No intentes derribar sus prejuicios antes de guiarlas a la verdad. Algunas personas piensan que tienen que derribar el andamio antes de comenzar a construir. Una vez, un viejo ministro invitó a un hermano joven a predicar en su lugar. Este último regañó a la gente y, cuando llegó a su casa, le preguntó al viejo ministro cómo había estado. El ministro le dijo que tenía una vaca vieja y que, cuando quería un buen suministro de leche, alimentaba a la vaca, no no la regañaba.

Cristo llegó a los publicanos porque casi todo lo que dijo sobre ellos fue en su favor. Observa la parábola del fariseo y el publicano. Cristo dijo que el publicano recibió más perdón que el orgulloso fariseo.

¿Cómo llegó Jesús a los samaritanos? Observa la parábola de los diez leprosos. Solo uno regresó para agradecerle por la curación, y era samaritano. Considera la parábola del buen samaritano: ha hecho más para movilizar a la gente hacia la filantropía y la bondad hacia los pobres que cualquier cosa que se haya dicho en el mundo en miles de años. La historia llegó a Samaria a través de un hombre que fue a Jerusalén y escuchó a Jesús, y luego regresó a su tierra y la contó por todas partes. "Si ese Profeta alguna vez viene aquí, le daremos una buena recepción", dijo el pueblo.

Si deseas llegar a personas que no están de acuerdo contigo, no los derribes con un mazo para luego intentar recogerlos. Cuando Jesucristo trató con los pecadores, fue tan tierno como una madre con su hijo enfermo.

Un niño le dijo una vez a su madre: "Mamá, nunca hablas mal de nadie. Si fuera por ti, hablarías bien hasta de Satanás". "Bueno —respondió la madre— tal vez podrías imitar su perseverancia".

Juan

Se supone que Juan era el discípulo más joven, y el primero en seguir a Cristo. Se le conoce como su amigo íntimo. Alguien puede quejarse de que Jesús era parcial. No tengo dudas de que amaba a Juan más que a los demás, pero fue porque Juan también lo amaba más. Creo que este discípulo estuvo en su círculo más íntimo, y creo nosotros también podemos entrar allí si lo deseamos: Cristo mantiene la puerta abierta para que podamos hacerlo. El libro de Juan es el más nuevo de los cuatro. Aquí se registran los ocho meses que Cristo pasó en Judea.

- Mateo comienza con Abraham; Marcos con Malaquías; Lucas con Juan el Bautista; pero Juan comienza con Dios mismo.
- Mateo expone a Cristo como el Mesías de los judíos.
- Marcos como un trabajador activo.
- Lucas como hombre.
- Juan como un salvador personal.

Este evangelio presenta a Jesús como proveniente del seno del Padre. El objetivo central es probar la divinidad de Cristo. Si quisiera demostrarle a un hombre que Jesucristo era divino, lo llevaría directamente a este evangelio. La palabra *arrepentirse* no aparece ni una vez, pero la palabra *creer* aparece en casi cien oportunidades. La controversia que los judíos plantearon sobre la divinidad de Cristo aún no estaba resuelta, así que, antes de irse, Juan tomó su bolígrafo y escribió sobre los siete testigos de la divinidad de Cristo:

1) El Padre. "Y el Padre que me envió da testimonio de mí" (Jn. 8: 18).

2) El Hijo. "Respondió Jesús y les dijo: Aunque yo doy testimonio acerca de mí mismo, mi testimonio es verdadero, porque sé de dónde he venido y a dónde voy; pero vosotros no sabéis de dónde vengo, ni a dónde voy" (Jn. 8: 14).

3) Las obras de Jesús: "Si no hago las obras de mi Padre, no me creáis. Mas si las hago, aunque no me creáis a mí, creed a las obras, para que conozcáis y creáis que el Padre está en mí, y yo en el Padre" (Jn. 10: 37-38).

1) Ningún hombre podría convencerme de que Jesucristo fue un hombre malo, porque dio buen fruto. Me resulta un misterio cómo alguien puede dudar de que Él era el Hijo de Dios después de dieciocho siglos de pruebas.

4) Las Escrituras: "Porque si creyeseis a Moisés, me creeríais a mí, porque de mí escribió él" (Jn. 5: 46).

5) Juan el Bautista: "Y yo le vi, y he dado testimonio de que éste es el Hijo de Dios" (Jn. 1: 34).

6) Los discípulos: "Y vosotros daréis testimonio también, porque habéis estado conmigo desde el principio" (Jn. 15: 27).

7) El Espíritu Santo: "Pero cuando venga el Consolador, a quien yo os enviaré del Padre, el Espíritu de verdad, el cual procede del Padre, él dará testimonio acerca de mí" (Jn. 15: 26).

Por supuesto, hay muchos otros testigos de su divinidad, pero creo que estos son suficientes para demostrarla. Si fueras a la corte con siete testigos sólidos, tendrías el caso a tu favor.

Ahora, quiero que notes los "Yo soy" de Cristo:

"Yo soy de arriba" (Jn. 8: 23)

"Yo no soy de este mundo" (Jn. 17: 16)

"Antes de que Abraham fuera, yo soy" (Jn. : 58)

"Yo soy el pan de vida" (Jn. 6: 35)

"Yo soy la luz del mundo" (Jn. 8: 12)

"Yo soy la puerta" (Jn. 10: 9)

"Yo soy el buen pastor" (Jn. 10: 11; 14)

"Yo soy el camino" (Jn. 14: 6)

"Yo soy la verdad" (Jn. 14: 6). Pilato preguntó qué era la verdad; la tenía ante sus ojos.

"Yo soy la resurrección y la vida" (Jn. 11: 25)

En el evangelio de Juan, encontramos ocho regalos para el creyente: el pan de vida; el agua de vida; la vida eterna; el espíritu santo; amor; alegría; paz; y Sus palabras.

Hechos

Una buena lección para estudiar es cómo a lo largo de todo el libro de Hechos la derrota se convierte en victoria. Cuando los primeros cristianos fueron perseguidos, se dispersaron por todas partes para predicar la Palabra. Esa fue una victoria.

El evangelio de Lucas se trata de Cristo en el cuerpo; Hechos, de Cristo en la iglesia. En Lucas leemos lo que hizo Cristo en Su humillación, y en Hechos lo que hizo en Su exaltación. El trabajo de la mayoría de los hombres termina cuando mueren, pero en Cristo solo había comenzado. "De cierto, de cierto os digo: El que en mí cree, las obras que yo hago, él las hará también; y aun mayores hará, porque yo voy al Padre" (Jn. 14: 12). Podríamos llamar a este libro "Hechos de los Apóstoles", pero en realidad narra los "Hechos de la Iglesia (el cuerpo de Cristo)".

La clave del libro está en el capítulo 1: 8: "Pero recibiréis poder, cuando haya venido sobre vosotros el Espíritu Santo, y me seréis testigos en Jerusalén, en toda Judea, en Samaria, y hasta lo último de la tierra".

No habríamos conocido de las luchas de esa iglesia inmadura de no ser por Lucas. Tampoco sabríamos mucho sobre Pablo sin su ayuda.

Así como había cuatro ríos que fluían del Edén, los cuatro evangelios fluyen en un canal.

Podemos dividir Hechos en tres secciones:

I. Fundación de la iglesia.

II Crecimiento de la iglesia.

III. Envío de misioneros.

Creo que, cuanto más nos acerquemos a la forma en que los apóstoles presentaron el evangelio, más éxito tendremos.

Como veremos a continuación, en Hechos hay diez grandes sermones. Si los estudias, comprenderás bastante bien el libro y sabrás cómo predicar. Cinco de ellos fueron predicados por Pedro, uno por Esteban y los cuatro restantes, por Pablo. Encontrarás que la frase *somos testigos* inunda todo el libro. Hoy nos gusta decir que *somos predicadores elocuentes* como si fuera mucho más importante que ser simples testigos.

Primer sermón: Pedro el día de Pentecostés. Alguien dijo que se necesitan unos tres mil sermones para convertir a un judío, pero aquí tres mil fueron convertidos por un solo sermón. Cuando Pedro testificó sobre Cristo y dio testimonio de que había muerto y resucitado, Dios lo honró; ten la seguridad de que él hará lo mismo contigo.

Segundo sermón: Pedro en el pórtico de Salomón. Un sermón corto, pero excelente. Pedro y Juan no llegaron al lugar hasta las tres en punto, y los judíos no podían arrestar a un hombre después de la puesta del sol. Sin embargo, en el poco tiempo que tuvieron para hablar, se convirtieron cinco mil. ¿Qué dijo Pedro? Lee con atención:

Mas vosotros negasteis al Santo y al Justo, y pedisteis que se os diese un homicida, y matasteis al Autor de la vida, a quien Dios ha resucitado de los muertos, de lo cual nosotros somos testigos. Así que, arrepentíos y convertíos, para que sean borrados vuestros pecados; para que vengan de la presencia del Señor tiempos de refrigerio (Hch. 3: 14-15; 19).

Tercer sermón: Pedro les predica a los sumos sacerdotes. Pedro y Juan habían sido arrestados y se les exigía que confesaran con qué poder habían sanado a un hombre enfermo. "En el nombre de Jesucristo de Nazaret, a quien vosotros crucificasteis y a quien Dios resucitó de los muertos, por él este hombre está en vuestra presencia sano" (Hch. 4: 10b). Cuando le dijeron a John Bunyan que lo liberarían si no predicaba más, él dijo: "Si me liberan, mañana volveré a predicar".

Cuarto sermón: El testimonio de Pedro ante el concilio. Les ordenaron a Pedro y a Juan que ya no predicaran en el nombre de Cristo. ¿Qué harían fuera de eso, si era lo único que podían hacer? Algunos predicadores de hoy no tendrían problemas; podrían acomodarse a la medida. Todo lo que los discípulos sabían era lo que habían aprendido en esos tres años con Jesús, al escuchar sus sermones y ser testigos de sus milagros. No podían negar la realidad de lo que habían vivido y, cuando el Espíritu Santo vino sobre ellos, no pudieron evitar predicarle a todo el concilio.

Quinto sermón: El de Esteban. Es el más largo de Hechos. El Dr. Andrew Bonar le dijo una vez a Daniel Whittle: "¿Alguna vez notó, hermano Whittle, que cuando los judíos acusaron a Esteban de blasfemar contra Moisés, el Señor iluminó su rostro con la misma gloria con la que brilló el rostro del mismo Moisés?".

Se cuenta que un viejo sacristán escocés le advirtió a su nuevo ministro: "Puedes predicar todo lo que quieras sobre los pecados de Abraham, Isaac y

Jacob, pero, si quieres conservar tu puesto, no hables de los nuestros". Esteban comenzó con los patriarcas pero, cuando llegó hasta la historia de la crucifixión, los funcionarios se sintieron provocados y no lo toleraron.

Sexto sermón: El último sermón de Pedro fue el primero a los gentiles. El mismo evangelio se les predica a los gentiles y a los judíos, y produce resultados idénticos. "De éste dan testimonio todos los profetas, que todos los que en él creyeren, recibirán perdón de pecados por su nombre. Mientras aún hablaba Pedro estas palabras, el Espíritu Santo cayó sobre todos los que oían el discurso" (Hch. 10: 43-44).

Luego el personaje principal cambia y Pablo aparece en escena.

Séptimo sermón: Pablo en Antioquía de Pisidia. Un viejo conocido me dijo una vez: "¿Qué estás predicando ahora? Espero que ya no estés tocando la misma vieja cuerda". Gracias a Dios, sigo difundiendo el viejo evangelio. Si quieres que la gente venga a escucharte, levanta a Cristo. Jesús dijo: "Y yo, si fuere levantado de la tierra, a todos atraeré a mí mismo" (Jn. 12: 32). Pablo dijo: "Sabed, pues, esto, varones hermanos: que por medio de él se os anuncia perdón de pecados" (Hch. 13: 38).

Octavo sermón: Pablo a los atenienses. Obtuvo fruto en Atenas predicando el mismo evangelio a los filósofos.

Noveno sermón: Pablo en Jerusalén.

Décimo sermón: La defensa de Pablo ante Agripa. Creo que es el sermón más grandioso de Pablo. Ante Agripa y Festo, predicó lo mismo que en Jerusalén. En todas partes proclamó el poderoso hecho de que Dios entregó a Cristo como rescate por el pecado, para que todo el mundo pudiera salvarse al poner su confianza en Él.

Pero habiendo obtenido auxilio de Dios, persevero hasta el día de hoy, dando testimonio a pequeños y a grandes, no diciendo nada fuera de las cosas que los profetas y Moisés dijeron que habían de suceder:

Que el Cristo había de padecer, y ser el primero de la resurrección de los muertos, para anunciar luz al pueblo y a los gentiles (Hch. 26: 22-23).

El método microscópico

Permítanme mostrar lo que quiero decir con *método microscópico*. Pongamos como ejemplo el primer verso del Salmo 52: "¿Por qué te jactas de maldad, oh poderoso? La misericordia de Dios es continua". Este versículo, naturalmente, se divide en dos partes, por un lado el hombre, por el otro lado, Dios. Hombre: maldad; Dios: misericordia. ¿Se dirige a algún hombre en particular? Sí, a Doeg el Edomita, como sugiere el prefacio del salmo. Por lo tanto, puedes encontrar la referencia histórica de este versículo y el Salmo en 1 Samuel 22: 9. Luego, con una concordancia o una Biblia temática, puedes estudiar el significado de *jactancia*. ¿Qué sinónimos tiene? Uno es *alabanza*. ¿Jactarse siempre está condenado? ¿De qué nos prohíbe jactarnos la Escritura? ¿De qué sí debemos jactarnos?

Así dijo Jehová: No se alabe el sabio en su sabiduría, ni en su valentía se alabe el valiente, ni el rico se alabe en sus riquezas. Mas alábese en esto el que se hubiere de alabar: en entenderme y conocerme, que yo soy Jehová, que hago misericordia, juicio y justicia en la tierra; porque estas cosas quiero, dice Jehová (Jer. 9: 23-24).

Consideremos la palabra *maldad* de manera similar. Pregúntate si esta jactancia y esta maldad durarán para siempre. No: "Que la alegría de los malos es breve, y el gozo del impío por un momento" (Job. 20: 5). "Vi yo al impío sumamente enaltecido, y que se extendía como laurel verde. Pero él pasó, y he aquí ya no estaba; lo busqué, y no fue hallado" (Sal. 37: 35-36). La otra mitad del texto sugiere un estudio de la misericordia (o bondad) como un atributo de Dios. ¿Cómo se manifiesta temporal y espiritualmente? ¿Qué texto bíblico tenemos acerca de ello? ¿Es condicional la misericordia de Dios? ¿Entra en conflicto con su justicia? Ahora, ya que la finalidad del estudio bíblico y de la predica es llevar salvación a las personas, pregúntate cómo está contenido el Evangelio en este texto. Dirígete a Romanos 2: 4: "¿O menosprecias las riquezas de su benignidad, paciencia y longanimidad, ignorando que su benignidad te guía al arrepentimiento?". Este versículo nos conduce directamente al tema del arrepentimiento. Luego de haber estudiado este versículo, estás listo para predicar un sermón corto en cualquier momento, que puede ser el medio para que alguien conozca a Cristo.

CAPÍTULO 9:

UN LIBRO A LA VEZ

Conozco algunos hombres que no se sientan a leer un libro de la Biblia hasta que tienen tiempo para leerlo completo. Cuando llegan a Levítico, Números o cualquiera de los otros, lo leen de una vez. Le dan un barrido completo y, luego, comienzan a estudiarlo capítulo por capítulo. Dean Stanley solía leer los libro tres veces: primero por la historia en sí, luego para reflexionar sobre él y, por último, para comprender el estilo literario. Es bueno leer un libro completo a la vez.

¿Cómo podrías esperar entender una historia o un libro de texto científico si entre cada capítulo que lees dejas pasar largos espacios de tiempo?

El Dr. A. T. Pierson dice: "Que la introducción cubra cinco *P*; *punto geográfico* donde fue escrito; *persona* que lo escribió; *personas* para quienes fue escrito; *propósito* para el cual fue escrito; *período histórico* en el que se escribió".

Una buena costumbre es la de esforzarnos por comprender los puntos principales de los capítulos. El siguiente plan ilustra el método mediante el cual intenté que los estudiantes de la Escuela de Mt. Hermon y el Seminario Northfield se interesaran en estudiar la Biblia. Proporciona una forma de interiorizar las Escrituras, de modo que se pueda recurrir a un pasaje cada vez que surja la oportunidad o la necesidad. Una mañana, en el culto, les dije a los alumnos: "Mañana por la mañana, cuando venga, no leeré una porción de la Escritura, sino que leeremos el primer capítulo del Evangelio de Juan y, al terminar, me dirán de memoria lo que encuentran en ese capítulo; luego, cada uno elegirá el versículo que encuentre más preciado y lo aprenderá". Aplicamos el método con Juan y nos comprometimos a aprender uno o dos versículos cada uno.

También elegimos los títulos principales que encontramos en el libro. Quiero mostrártelos.

El Evangelio de Juan, por capítulos

Capítulo 1. *El llamado de los primeros cinco discípulos*.

Eran aproximadamente las cuatro de la tarde cuando Juan se levantó y dijo: "He aquí el Cordero de Dios" (Jn. 1: 29b). Luego, dos de los discípulos de Juan siguieron a Jesús, y uno de ellos, Andrés, salió y trajo a su hermano,

Simón. Entonces, Jesús encontró a Felipe cuando se dirigía a Galilea, y Felipe encontró a Natanael, el escéptico. Cuando vio a Cristo, su incredulidad desapareció. Comprométete a recordar los versículos 11 y 12: "A lo suyo vino, y los suyos no le recibieron. Mas a todos los que le recibieron, a los que creen en su nombre, les dio potestad de ser hechos hijos de Dios". Palabra clave, *recibir*.

Capítulo 2. "Haced todo lo que os dijere" (Jn. 2: 5b). Pasamos un buen momento analizando este capítulo sobre la *obediencia*, que es la palabra clave.

Capítulo 3. Este es un capítulo sobre *regeneración*. Nos llevó más de un día terminarlo. Se trata de un pecador religioso respetado y cómo Jesús trató con él. Recuerda el versículo 16: "Porque de tal manera amó Dios al mundo, que ha dado a su Hijo unigénito, para que todo aquel que en él cree, no se pierda, mas tenga vida eterna". Palabra clave: *creer*.

Capítulo 4. *Cómo Jesús trató con una mujer pecadora de mala reputación.* Si hubiéramos estado con ella, le habríamos contado lo que Jesús le dijo a Nicodemo, pero Él le habló especialmente, para que le entendiera. La mujer fue a llenar de agua un cántaro pero, gracias a Dios, obtuvo un pozo lleno de agua de vida. Memoriza el versículo 24: "Dios es Espíritu; y los que le adoran, en espíritu y en verdad es necesario que adoren". Palabra clave: *adoración*.

Capítulo 5. *Divinidad de Cristo.* Memoriza el versículo 24: "De cierto, de cierto os digo: El que oye mi palabra, y cree al que me envió, tiene vida eterna; y no vendrá a condenación, mas ha pasado de muerte a vida". Palabra clave: *sanación*.

Capítulo 6. Lo llamamos *el capítulo del pan*. Si quieres una buena hogaza de pan, lee este sexto capítulo. Si comes de ese pan, vivirás para siempre. Versículo clave: Cristo, el pan de vida. "Yo soy el pan vivo que descendió del cielo; si alguno comiere de este pan, vivirá para siempre; y el pan que yo daré es mi carne, la cual yo daré por la vida del mundo" (Jn. 6: 51). Palabra clave: *comer*.

Capítulo 7. *El agua de vida.* "Si alguno tiene sed, venga a mí y beba" (Jn. 7: 37b). Aquí encuentras el agua de vida y la invitación de Cristo para que cada alma sedienta vaya a él y beba. Palabra clave: *beber*.

Capítulo 8. *La Luz.* "Yo soy la luz del mundo; el que me sigue, no andará en tinieblas, sino que tendrá la luz de la vida" (Jn 8: 12). Palabras clave: *caminar en la luz*.

Pero, ¿de qué sirve tener luz si no tienes ojos para ver? La pregunta nos da pie para el próximo capítulo.

Capítulo 9. *La vista*. Jesús le da la vista a un hombre que había nacido ciego. Versículo para memorizar: "Me es necesario hacer las obras del que me envió, entre tanto que el día dura; la noche viene, cuando nadie puede trabajar" (Jn. 9: 4). Palabra clave: *testificar*.

Capítulo 10. *El Buen Pastor*. Comprométete a recordar el versículo 11: "Yo soy el buen pastor; el buen pastor su vida da por las ovejas". Palabra clave: *seguridad*.

Capítulo 11. *Lázaro*. Memoriza el versículo 25: "Le dijo Jesús: Yo soy la resurrección y la vida; el que cree en mí, aunque esté muerto, vivirá". Palabra clave: *resurrección*.

Capítulo 12. "Y yo, si fuere levantado de la tierra, a todos atraeré a mí mismo". Aquí, Cristo cierra su ministerio con la nación judía. Palabras clave: *salvación para todos*.

Capítulo 13. *Humildad*. Cristo lava los pies de sus discípulos. Aprende el versículo 34: "Un mandamiento nuevo os doy: Que os améis unos a otros; como yo os he amado, que también os améis unos a otros". Palabra clave: *enseñanza*.

Capítulo 14. *La mansión*. Comprométete a recordar el versículo 6: "Jesús le dijo: Yo soy el camino, y la verdad, y la vida; nadie viene al Padre, sino por mí". Palabras clave: *paz y consuelo*.

Capítulo 15. *Las uvas*. La vid solo puede dar fruto a través de las ramas. Versículo 5: "Yo soy la vid, vosotros los pámpanos; el que permanece en mí, y yo en él, éste lleva mucho fruto; porque separados de mí nada podéis hacer". Palabra clave: *gozo*.

Capítulo 16. *La promesa del Espíritu Santo*. "Estas cosas os he hablado para que en mí tengáis paz. En el mundo tendréis aflicción; pero confiad, yo he vencido al mundo" (Jn. 16: 33). Aquí encontrarás el secreto del *poder*, que es la palabra clave.

Capítulo 17. Este capítulo contiene la *oración del Señor*. Aprende el versículo 15: "No ruego que los quites del mundo, sino que los guardes del mal". Palabra clave: *separación*.

Capítulo 18. *Cristo es arrestado*. "Cuando les dijo: Yo soy, retrocedieron, y cayeron a tierra" (Jn. 18: 6). Palabra clave: *control*.

Capítulo 19. *Cristo es crucificado*. Versículo 30: "Cuando Jesús hubo tomado el vinagre, dijo: Consumado es. Y habiendo inclinado la cabeza, entregó el espíritu". Palabra clave: *muerte*.

Capítulo 20. *Cristo resucita de los muertos*. "Hizo además Jesús muchas otras señales en presencia de sus discípulos, las cuales no están escritas en este libro. Pero éstas se han escrito para que creáis que Jesús es el Cristo, el Hijo de Dios, y para que creyendo, tengáis vida en su nombre"(Jn. 20: 3031). Palabra clave: *resurrección*.

Capítulo 21. *Cristo pasa algún tiempo con sus discípulos nuevamente, y los invita a cenar con él*. "Este es el discípulo que da testimonio de estas cosas, y escribió estas cosas; y sabemos que su testimonio es verdadero. Y hay también otras muchas cosas que hizo Jesús, las cuales si se escribieran una por una, pienso que ni aun en el mundo cabrían los libros que se habrían de escribir. Amén" (Jn. 21: 24-25). Palabra clave: *ascensión*.

CAPÍTULO 10:
MODELO Y PERSONAJES

Otra forma de estudiar es hacer cinco grandes divisiones: Modelo o Tipo, Historia, Profecía, Milagro, Parábola. Ocupémonos del primer caso.

Es muy interesante estudiar los modelos en la Biblia. Obtén un buen libro sobre el tema y te sorprenderás al descubrir lo interesante que es. La Biblia está llena de patrones y modelos de nosotros mismos. Una objeción popular contra la Biblia es que habla sobre las fallas de los seres humanos. Sin embargo, debemos recordar que su objetivo no es decir cuán buenos son los humanos, sino cómo los humanos malos pueden llegar a ser buenos. Pero, más especialmente, la Biblia está llena de modelos de Cristo. Los modelos son presagios, y donde haya una sombra debe haber sustancia. Como dice John McNeill: "Si veo la sombra de un perro, sé que hay un perro". Dios parece haber elegido este medio para enseñarles a los israelitas sobre el Mesías prometido. Todos los preceptos, ceremonias e instituciones de la ley Mosaica apuntan a Cristo y su acto salvífico. Los ojos iluminados ven a Cristo en todo.

Por ejemplo, el tabernáculo era un tipo de encarnación de Jesús: "Y aquel Verbo fue hecho carne, y habitó entre nosotros" (Jn. 1: 14). El acto de lavarse tipificaba la santificación o la pureza: "Para santificarla, habiéndola purificado en el lavamiento del agua por la palabra" (Ef. 5: 26). Los candelabros tipificaban a Cristo como la luz del mundo. El pan de la proposición tipificaba a Cristo como el pan de vida. El Sumo Sacerdote siempre fue un modelo o tipo de Cristo. Cristo fue llamado por Dios tal como Aarón: "Viviendo siempre para interceder por ellos" (He. 7: 25); fue consagrado con un juramento; la Pascua, el día de la expiación, la roca herida, los sacrificios, la ciudad de refugio, la serpiente de bronce: todo apunta a la obra expiatoria de Cristo.

Adán fue un modelo hermoso. Piensa en los dos adanes. Uno introdujo el pecado y la ruina en el mundo, y el otro los abolió. Caín fue el modelo del hombre natural, y Abel el del hombre espiritual. Abel como pastor es un tipo de Cristo, que es el Pastor celestial. Sin embargo, en toda la Biblia no hay un modelo de Cristo más hermoso que José. Era odiado por sus hermanos; fue despojado de su ropa; fue vendido; lo encarcelaron; se ganó el favoritismo; le pusieron una cadena de oro alrededor del cuello; toda rodilla se inclinó ante él. Si comparamos las vidas de José y Jesús, encontraremos similitudes sorprendentes.

La lepra es un modelo de pecado. Tiene resultados graves; aparenta ser algo leve en su naturaleza, pero desde un pequeño comienzo genera la ruina completa; separa a sus víctimas de sus semejantes, así como el pecado separa a un hombre de Dios; y como Cristo tuvo poder para sanar al leproso, la gracia de Dios en su sangre nos limpia de toda injusticia.

- Adán representa la pecaminosidad innata del hombre.
- Abel representa la expiación.
- Enoc representa la comunión.
- Noé representa la regeneración.
- Abraham representa la fe.
- Isaac representa la filiación.
- Jacob representa la disciplina y el servicio.
- José representa la gloria a través del sufrimiento.

Además de los modelos o tipos, podemos estudiar los personajes bíblicos: llévalos desde la cuna hasta la tumba. Generalmente, los escépticos recortan una sección particular de la vida de un hombre, como Jacob o David, y juzgan todo a través de esa visión. Dicen que estos hombres tenían una santidad bastante reprochable y, aun así, Dios no los castigó. Si das un paseo por sus vidas, encontrarás que Dios sí los castigó según los pecados que cometieron.

Una vez, una señora me dijo que tenía problemas para leer la Biblia, que parecía no sentir el interés que debía. Si no consigues mantener tu interés de una manera, intenta con otra. Nunca pienses que estudiar la Biblia es una carrera para demostrar qué tan rápido puedes leerla.

Tal vez encuentres interesante el significado de los nombres propios. No necesito mencionar que cada nombre en la Biblia —especialmente los hebreos— tiene un significado particular. Observa la diferencia entre Abram (padre alto o excelso) y Abraham (padre de multitudes), y tendrás la clave de su vida. Otro ejemplo es Jacob (*el que suplanta* o *el tramposo*) e Israel (*príncipe de Dios* o *el que lucha con Dios*). Los nombres de las tres hijas de Job fueron Jemima (*paloma*), Kezia (o Casia) y Keren-hapuc (*cuerno de sombra de ojos*). Estos nombres significan *belleza*; definitivamente, la lepra de Job no iba a dejar manchas en su descendencia.

CAPÍTULO 11:
EL ESTUDIO TEMÁTICO

De vez en cuando, me encuentro con gente que se jacta de haber leído la Biblia completa en algunos meses. Otros leen la Biblia capítulo por capítulo y la vuelven a revisar dentro de un año. Sin embargo, creo que lo mejor es pasar un año entero analizando un solo libro. Si estuviera en un tribunal y quisiera tener al jurado de mi lado, debería conseguir que la mayoría testifique acerca del argumento con el que quisiera convencerlo. No les haría testificar sobre todo, sino que me centraría en un punto específico. Así debería ser con las Escrituras.

Un estudio temático es una excelente forma de aproximarnos a la Palabra. Por ejemplo, una vez seleccioné la palabra *amor* y ya no recuerdo cuántas semanas pasé estudiando los pasajes en los que aparece; al final, no pude evitar amar a las personas. Llevaba tanto tiempo alimentándome del Amor que estaba ansioso por hacerles bien a todos a mi alrededor.

Pensemos en la *santificación*. Prefiero leer mi concordancia y reunir todos los pasajes que pueda sobre el tema y sentarme a estudiarlos por mi cuenta durante cuatro o cinco días antes de que los demás me lo cuenten.

Supongo que si hiciera la cuenta de todo el tiempo puro que invertí en oración para tener más fe, el resultado sería un acumulado de varios meses. Cuando era presidente de la Asociación Cristiana de Jóvenes (YMCA, por sus siglas en inglés) en Chicago, solía decir: "Lo que necesitamos es fe; si solo tuviéramos fe, pondríamos a Chicago de cabeza" (o, más bien, la enderezaríamos). Solía pensar que, algún día, la fe me golpearía como un rayo. Pero ese momento no parecía llegar. Por esa época, leí en Romanos 10: 17: "Así que la fe es por el oír, y el oír, por la palabra de Dios". Había cerrado mi Biblia para pedir fe en oración. Luego de esto, la abrí y comencé a estudiarla: desde ese momento, la fe nunca ha dejado de aumentar.

Ahora tomemos la justificación, que es la doctrina que le dio a Martín Lutero tal poder: "Mas el justo por la fe vivirá" (Ro. 1: 17). Mientras Lutero ascendía de rodillas por la Scala Santa (algunas personas niegan que esto haya sido así), recordó este pasaje y se levantó y salió poderoso entre las naciones de la tierra. A través de la justificación, Dios ve al ser humano como si nunca hubiera pecado; puede pararse delante de Dios como lo hace Jesucristo. En Jesucristo, podemos ser perfectos; fuera de Él no hay perfección. Dios revisa el libro contable y dice: "Moody, todas tus deudas han sido pagadas por otro; no debes nada".

Tal vez, en Nueva Inglaterra no haya una doctrina tan atacada como la Expiación. La Expiación se anuncia en el jardín del Edén; en el sufrimiento de los inocentes a causa de los culpables, pues los animales mueren por el pecado de Adán. La encontramos en Abraham y en Moisés; está a lo largo de los libros de Moisés y los profetas. Observa Isaías 53 y la profecía de Daniel. Si vamos a los Evangelios, encontramos que Cristo dice: "Yo pongo mi vida, para volverla a tomar. Nadie me la quita, sino que yo de mí mismo la pongo" (Jn. 10: 17b-18a).

Por otro lado, la gente habla de conversión: pero, ¿qué es? La mejor manera de averiguarlo es buscando en la Biblia. Muchos no creen en las conversiones repentinas, pero si puedes morir en un momento ¿no podrías también recibir la vida instantáneamente?

Cuando el Sr. Ira Sankey y yo estuvimos en un lugar de Europa, un hombre predicó un sermón contra las "doctrinas destructivas" que nosotros íbamos a predicar más tarde, una de las cuales fue la conversión repentina. Dijo que la conversión era un proceso que llevaba tiempo. ¿Sabes lo que hago cuando alguien predica en contra de las doctrinas que yo predico? Voy a la Biblia y leo lo que dice. Si estoy en lo cierto, lo predico. Di más sermones sobre la conversión repentina en ese lugar de Europa que en cualquier otro en el que estuve en mi vida. Me gustaría saber cuánto tiempo le tomó a Jesús que Zaqueo se convirtiera. ¿Cuánto tiempo le tomó convertir a esa mujer que conoció en el pozo de Jacob? ¿Cuánto tiempo con la mujer que fue atrapada en adulterio? ¿Cuánto tiempo con la que lavó Sus pies y los secó con su cabello? ¿No se fue ella con las palabras: "Tu fe te ha salvado, ve en paz" (Lc 7: 50) resonando en sus oídos?

No hay señales de conversión en Zaqueo cuando subió al árbol sicómoro pero, cuando bajó, ya se había convertido, por lo que debe haberse convertido en el tiempo que le llevó saltar de la rama al suelo. Bastante repentino, ¿no? Sí, podrían pensar que esas cosas sucedían porque Cristo estaba allí. Amigos míos, las personas se convirtieron mucho más rápido luego de que Él se fue que mientras estuvo aquí. Pedro predicó y se convirtieron tres mil en un día. En otra ocasión, después de las tres de la tarde, Pedro y Juan sanaron a un hombre en la puerta del Templo. Luego entraron y predicaron, y cinco mil personas se agregaron a la iglesia antes de la noche (entre ellos, también había judíos). Sigue siendo bastante repentino.

El profesor Drummond ilustra el hecho con la historia de un hombre que se acerca luego de una reunión y le dice que quiere ser cristiano.

- Bueno, amigo mío, ¿cuál es el problema?
- El hombre no quiere decirlo. Está muy agitado. Finalmente, accede.
- El hecho es que he "sobregirado mi cuenta". —Una forma educada de decir que había estado robando.
- ¿Tomó el dinero de su empleador?
- Sí.
- ¿Cuánto?
- No lo sé. Nunca lo conté.
- Bueno, ¿podríamos calcularlo? ¿Diría que habrán sido unos $1500 durante todo el año pasado?
- Sí, puede ser. Aproximadamente.
- Bien, señor. Mire, yo no creo en el trabajo repentino. Hagamos algo: este año no robe más de $1000; el próximo, limítese a $500; así, en el transcurso de los próximos años, llegará a no robar nada. Si su empleador lo atrapa, dígale que se está convirtiendo y que conseguirá no robar nada.

Mis amigos, esto es una farsa perfecta; tenemos que admitirlo. "El que hurtaba, no hurte más" (Ef. 4: 28a), eso es lo que dice la Biblia.

Otra ilustración: a la reunión viene un hombre que admite que se emborracha todas las semanas y quiere convertirse. Le digo: "Tranquilo. Creo en el trabajo gradual. No te emborraches y trata de no golpear a tu esposa más de una vez al mes". ¿No sería tranquilizante para su esposa ser golpeada solo una vez cada treinta días? ¡Serían solo doce veces al año! ¿No estaría contenta de que su esposo se convirtiera así? Solo se emborracharía en el aniversario de su boda y en Navidad; con el tiempo, no lo hará más. ¡Detesto todo ese tipo de enseñanza! Vayamos a la Biblia y veamos qué enseña ese viejo libro. Creamos y actuemos en consecuencia. La salvación es instantánea. Reconozco que alguien puede convertirse y no registrar específicamente el momento, pero también creo que un hombre que fue ladrón hasta un día puede ser un santo al otro. Creo que un hombre puede ser tan malvado como el infierno en un momento y ser salvo al instante.

La madurez cristiana sí es gradual, así como el crecimiento físico; pero un hombre pasa de la muerte a la vida eterna tan rápido como un pensamiento: "El que cree en el Hijo tiene vida eterna" (Jn. 3: 36a).

La gente dice que quiere tener una mentalidad celestial. Bueno, que lean sobre el cielo y que hablen sobre ello. Una vez prediqué sobre "el cielo" y, después de la reunión, una señora se me acercó y, asombrada, me dijo: "Señor Moody, no sabía que en la Biblia había tantos versículos sobre el cielo". Yo solo había leído un diez por ciento de los versículos que hablan sobre el tema.

¿No te sucede que, cuando estás lejos de casa, te lo pasas buscando noticias de tu ciudad? El hogar del cristiano está en el cielo. Las Escrituras contienen los títulos de propiedad de todo lo que valdremos cuando muramos. Si un testamento tiene tu nombre, ya no es un documento aburrido, ¿cierto? ¿Por qué, entonces, los cristianos no se interesan tanto en la Biblia?

También hay gente que dice que no cree en los avivamientos. No hay una sola denominación en el mundo que no haya surgido de un avivamiento. Hay iglesias católicas y episcopales que afirman ser iglesias apostólicas y haber surgido del Pentecostés; los luteranos, de Martin Lutero, y así sucesivamente. ¡Todos surgieron de avivamientos y, sin embargo, la gente habla en contra de ellos! Hay dos cosas contra las que jamás diría algo: mi madre y los avivamientos.

¿No se avivó el país con Juan el Bautista? ¿No estaba bajo las enseñanzas de Cristo? La gente piensa que como solo hay una serie de casos superficiales de conversión que ocurren durante los avivamientos, deben evitarse. Y se olvidan de la parábola del sembrador, en la que Jesús mismo nos advierte sobre los oyentes emocionales, que reciben la palabra con alegría, pero la olvidan pronto. Si, como en la parábola, solo uno de cada cuatro oyentes se convierte genuinamente, el avivamiento ha dado resultados.

Invierte un mes en leer sobre la regeneración, el Reino de Dios, la Iglesia en el Nuevo Testamento, la divinidad de Cristo o los atributos de Dios. Te ayudará en tu propia vida espiritual, y te convertirás en un obrero que no se avergonzará y que reconoce la Palabra verdadera.

Comienza un estudio sobre el Espíritu Santo. Probablemente, hay quinientos pasajes sobre el tema y lo que quieres es estudiar por tu cuenta. O toma el regreso de nuestro Señor. Sé que es un tema controvertido. Algunos dicen que vendrá al final del Milenio, otros dicen que antes. Lo que queremos es saber lo que dice la Biblia. ¿Por qué no vas a la Biblia y la estudias por tu cuenta? Valdrá más que cualquier cosa que obtengas de otra persona. Luego, la santidad. Creo que un cristiano debe llevar una vida santa. Hoy, la línea entre la iglesia y el mundo es apenas visible. No simpatizo con la idea de que debes buscar en un antiguo registro mohoso de la iglesia para saber si alguien es miembro o no.

Una persona debe vivir para que todos sepan que es cristiana. La Biblia nos dice que llevemos una vida santa. Puedes perder influencia pero, al mismo tiempo, la ganarás. Supongo que Daniel fue el hombre más impopular en Babilonia en algún momento. Pero, gracias a Dios, sobrevivió a los demás hombres de su tiempo. ¿Quiénes eran los más importantes de Babilonia? ¿Alguien los recuerda? Cuando Dios quería que se hiciera un trabajo en Babilonia, sabía dónde buscar a alguien para hacerlo. Puedes estar en el mundo sin pertenecer a él. Cristo no sacó a sus discípulos del mundo, sino que oró para que se les guardara del mal. Si un barco entra al agua, no hay problema; pero si el agua entra en el barco, presta atención. Un cristiano carnal es como un barco naufragando en el mar.

Recuerdo una vez que elegí estudiar la gracia de Dios. No sabía qué diferencia tenía con la ley. Cuando me di cuenta, estudié toda la semana sobre la gracia y me llené tanto que no pude quedarme en casa. Salí y le dije al primer hombre que encontré: "¿Sabes algo acerca de la gracia de Dios?". Me consideró un demente. Por mi parte, me pasé una hora derramando de la gracia de Dios.

Estudia la oración. Spurgeon dice:

Para lograr algo en el trono de la gracia, mejor una oración casera, una que salga de lo más profundo del corazón; y no porque la hayas inventado, sino porque el Espíritu Santo la puso allí. Aunque no logres articular las palabras y las oraciones parezcan desconectadas, si tus intenciones son serias, serán como carbones ardientes que no se apagan, y a Dios no le importará cómo te expreses. Si las palabras no surgen, quizás puedas orar sin hablar. Hay oraciones que desfondan cualquier recipiente; son demasiado pesadas para que un simple lenguaje humano las contenga.

Algunas personas no creen en la certeza. Nunca conocí a nadie que leyera su Biblia que no creyera en la certeza. El Libro no enseña nada más. Pablo dice: "Porque yo sé a quién he creído" (2 Ti. 1: 12b). Job dice: "Yo sé que mi Redentor vive" (Job. 19: 25). Estos pasajes no se están refiriendo a la *esperanza* o la *confianza*.

El mejor libro sobre la certeza fue escrito por un tal "Juan", casi al final de la Biblia. Escribió toda una carta sobre este tema. A veces, una sola palabra es la clave de todo un libro. Si lees Juan 20: 31, encontrarás que dice: "Pero éstas se han escrito para que creáis que Jesús es el Cristo, el Hijo de Dios, y para que creyendo, tengáis vida en su nombre". Si de allí te vas a 1 Juan 5: 13, leerás esto: "Estas cosas os he escrito a vosotros que creéis en el nombre del Hijo de Dios, para que sepáis que tenéis vida eterna, y para que creáis en el nombre del Hijo de Dios". Toda la carta habla de la certeza. No tengo dudas de que Juan se había encontrado con algunas personas que cuestionaban la certeza y dudaban de si eran salvas o no, por lo que decidió resolver la cuestión; tomó su bolígrafo y escribió ese último verso en el vigésimo capítulo de su evangelio.

He escuchado decir a algunas personas que no tuvieron el privilegio de saber si fueron salvas; algún ministro les dijo que nadie podía saber si era salvo, así que se tomaron de eso en lugar de aferrarse a lo que dice la Palabra de Dios. Otros leen la Biblia para hacerla encajar en su manera de pensar y respaldar su credo o noción favorita; si no hallan respaldo en alguna parte de la Biblia, omiten esa sección. No debemos leer la Biblia a la luz azul del presbiterianismo; ni a la luz roja del metodismo; ni a la luz violeta del episcopalismo; sino a la luz del Espíritu de Dios. Si comienzas a leer tu Biblia y estudias la *certeza* durante una semana, pronto verás que es un privilegio saber que eres un hijo de Dios.

Ahora, considera las promesas de Dios. Si una persona se alimenta durante un mes de las promesas de Dios, no hablará más sobre su pobreza, su depresión o sobre los problemas diarios. La gente suele decir: "¡Estoy flaqueando! ¡Soy muy débil!". Mi amigo, no se trata de debilidad, es pereza. Si leyeras del Génesis al Apocalipsis y buscaras todas las promesas hechas por Dios a Abraham, a Isaac y a Jacob, a los judíos y a los gentiles y a todo Su pueblo en todo el mundo; si pasaras un mes alimentándote de las preciosas promesas de Dios, no seguirías así de cabizbajo, quejándote de lo pobre que eres. Todo lo contrario: levantarías la cabeza con confianza y proclamarías las riquezas de Su gracia, porque no podrías evitarlo.

Después del Gran Incendio de Chicago de 1871, un hombre se me acercó y me dijo con lástima:

- Entiendo que perdiste todo, Moody.
- Creo que alguien te ha informado mal —respondí.
- ¡Si tú lo dices, debe ser así! Porque me dijeron que lo habías perdido todo.
- No. Es un error. Un gran error —repliqué.
- ¿Te queda mucho, entonces? —preguntó mi amigo.
- Sí —respondí—, me queda mucho más de lo que perdí; aunque no puedo calcular cuánto he perdido.
- Bueno, me alegro por eso, Moody; no sabía que eras tan rico antes del incendio.

- Sí —dije—. Soy mucho más rico de lo que podrías concebir; y aquí está mi título de propiedad: "El que venciere heredará todas las cosas" (Ap. 21: 7a).

Dicen que la familia Rothschild no puede calcular su fortuna; ese también es mi caso: todas las cosas en el mundo son mías; soy coheredero con Jesús, el Hijo de Dios. Alguien dijo: "Dios hace una promesa; la fe la cree; la esperanza la prevé; y la paciencia la espera en silencio".

CAPITULO 12:
PALABRA POR PALABRA

Otra forma de estudiar la Biblia es tomar una palabra y analizarla con la ayuda de una concordancia. También puedes centrarte solo en una idea que se destaque del libro que elijas.

Hace algún tiempo, fui maravillosamente bendecido al estudiar los siete "benditos" del Apocalipsis. Si Dios no quisiera que entendiéramos el último libro de la Biblia, no estaría ahí. Muchos dicen que es tan oscuro y misterioso que los lectores comunes no pueden entenderlo. Sigamos excavando en él y, poco a poco, hallaremos riquezas. Oí decir que es el único libro en la Biblia que habla sobre el demonio encadenado y que, como el diablo sabe eso, merodea la Cristiandad e intenta convencernos de que intentar leer Apocalipsis es una pérdida de tiempo, que entenderlo es muy difícil o imposible. La realidad es que él no quiere que entiendas su propia derrota. Mira todas las bendiciones que contiene:

1) Bienaventurado el que lee, y los que oyen las palabras de esta profecía, y guardan las cosas en ella escritas; porque el tiempo está cerca (Ap. 1: 3).

2) Bienaventurados de aquí en adelante los muertos que mueren en el Señor. Sí, dice el Espíritu, descansarán de sus trabajos, porque sus obras con ellos siguen (Ap. 14: 13).

3) Bienaventurado el que vela, y guarda sus ropas, para que no ande desnudo, y vean su vergüenza (Ap. 16: 15).

4) Bienaventurados los que son llamados a la cena de las bodas del Cordero (Ap. 19: 9)

5) Bienaventurado y santo el que tiene parte en la primera resurrección; la segunda muerte no tiene potestad sobre éstos, sino que serán sacerdotes de Dios y de Cristo, y reinarán con él mil años (Ap. 20: 6).

6) Bienaventurado el que guarda las palabras de la profecía de este libro (Ap. 22: 7).

7) Bienaventurados los que lavan sus ropas, para tener derecho al árbol de la vida, y para entrar por las puertas en la ciudad (Ap. 22: 14).

También puedes observar los ocho "triunfos" del Apocalipsis y serás maravillosamente bendecido por ellos. Te llevan hasta el cielo, al trono de Dios.

He sido muy bendecido al pasar por los "cree" de Juan. Todos los capítulos, excepto dos, hablan sobre creer. Como dije antes, él escribió su evangelio para que creyéramos. Si quieres persuadir a un hombre de que Cristo es el Hijo de Dios, el evangelio de Juan es el libro adecuado.

Considera los seis "preciosa" de las cartas de Pedro. Y los siete "andar" de Efesios. Y los cuatro "mucho más" de Romanos 5. O los dos "recibieron" de Juan 1. O los nueve "corazón" en Proverbios 23.

Analiza el "temor del Señor" en Proverbios:

1) El temor de Jehová es el principio de la sabiduría (Pr. 9: 10a)
2) El temor de Jehová es aborrecer el mal (Pr. 8: 13a)
3) El temor de Jehová aumentará los días (Pr. 10: 27a)
4) En el temor de Jehová está la fuerte confianza (Pr. 14: 26a)
5) El temor de Jehová es manantial de vida (Pr. 14: 27a)
6) Mejor es lo poco con el temor de Jehová,
1) Que el gran tesoro donde hay turbación. (Pr. 15: 16)
7) El temor de Jehová es enseñanza de sabiduría (Pr. 15:33a)
8) Y con el temor de Jehová los hombres se apartan del mal (Pr. 16.6b)
9) El temor de Jehová es para vida (Pr. 19: 23a)
10) Riquezas, honra y vida
2) Son la remuneración de la humildad y del temor de Jehová (Pr. 22: 4)
11) Antes persevera en el temor de Jehová todo el tiempo (Pr. 23:17b)

Recientemente, un amigo me dio algunas palabras clave. Me dijo que Pedro escribió sobre la esperanza: "Y cuando aparezca el Príncipe de los pastores" (1 P. 5: 4). La idea clave de los escritos de Pablo parece ser la fe; la de Juan, el amor. "Esperanza, fe y amor" fueron las características de los tres hombres, las ideas clave de todas sus enseñanzas. Santiago escribió sobre buenas obras y Judas, sobre la apostasía.

En las cartas generales de Pablo, alguien sugirió que la frase recurrente es "en Cristo". En Romanos encontramos la justificación por la *fe en Cristo*. Corintios presenta la *santificación en Cristo*. El libro de Gálatas, *adopción o libertad en Cristo*. Efesios presenta la *plenitud en Cristo*. Filipenses, *consuelo en Cristo*. En Colosenses tenemos *integridad en Cristo*. Tesalonicenses nos da *esperanza en Cristo*.

CAPÍTULO 13:
INTERVIENE TU BIBLIA

No tengas miedo de prestar tu Biblia o de pedir prestada alguna. Hace algún tiempo, alguien me pidió mi Biblia para tomar algunas anotaciones de ella. Cuando me la devolvió, encontré que le había escrito algunas notas:

Justificación: un cambio de estado, una nueva posición ante Dios.

Arrepentimiento: un cambio de mentalidad, una nueva forma de pensar sobre Dios.

Regeneración: un cambio de naturaleza, un nuevo corazón de parte de Dios.

Conversión: un cambio de vida, una nueva vida dedicada a Dios.

Adopción: cambio de familia, una nueva relación con Dios.

Santificación: un cambio de servicio, apartarse para Dios.

Glorificación: un nuevo estado, una nueva condición con Dios.

En la misma escritura a mano encontré estas líneas:

Solo Jesús:

La luz del cielo es el rostro de Jesús.

La alegría del cielo es la presencia de Jesús.

La melodía del cielo es el nombre de Jesús.

El temática del cielo es la obra de Jesús.

El trabajo del cielo es el servicio a Jesús.

La plenitud del cielo es Jesús mismo.

La duración del cielo es la eternidad de Jesús.

Un viejo escritor dijo que algunos libros deben ser degustados; otros, tragados; y otros masticados y digeridos. La Biblia es un libro inagotable. Es como un pozo sin fondo: siempre encontrarás verdades frescas que brotan de sus páginas.

De ahí la gran fascinación del estudio bíblico constante y sincero. De ahí también la necesidad de marcar tu Biblia. A menos que tengas una memoria prodigiosa, no puedes retener todas las cosas buenas que oyes. Si solo confías en tu oído, las olvidarás en uno o dos días; pero si marcas tu Biblia y utilizas, además, tu vista, nunca las perderás. Lo mismo se aplica a lo que lees.

Marcar la Biblia es un servicio a la memoria. Si se hace correctamente, agudiza los recuerdos, porque le da protagonismo a ciertas cosas que llaman la atención y que, al leerlas constantemente, se fijan en la mente.

Marcar la Biblia te ayuda a localizar textos. Te ahorra la molestia de escribir notas y perder tiempo en buscar dónde están. Una vez anotadas en el margen, siempre las tendrás cerca.

Desde hace muchos años, llevo mi Biblia a donde voy. Vale mucho para mí, y te diré por qué: tengo tantos pasajes marcados, que si me llaman para hablar en cualquier momento, estoy listo. Las pequeñas palabras anotadas en los márgenes son un sermón para mí mismo. No importa si hablo sobre fe, esperanza, caridad, certeza o cualquier otro tema; todo vuelve a mí. Sin embargo, si inesperadamente se me pide que predique, siempre estoy listo. Todo hijo de Dios debe ser como un soldado y estar siempre preparado. Si un ejército fuera enviado a una misión mañana mismo, los soldados ya estarían listos para cumplirla.

No podemos estar preparados si no estudiamos la Biblia. Cada vez que leas algo bueno, simplemente anótalo; si es bueno para ti, lo será para otra persona. Deberíamos compartir la riqueza del cielo como compartimos la de la tierra.

La gente suele contarme que no tiene nada que decir. "De la abundancia del corazón habla la boca" (Mt. 12: 34b). Llénate de las Escrituras y no podrás evitar hablar sobre ellas. Mantén el mundo fuera de tu corazón al llenarlo con la Palabra. Es como un hombre que intenta construir una máquina voladora. Hace las alas y las llena de gas. Sin embargo, cree que no podrá hacerla volar. Para su sorpresa, como el gas es más liviano que el aire, finalmente la máquina se eleva y supera muchas obstrucciones. Las verdades celestiales son más ligeras que el aire terrestre: te ayudan a superar los problemas.

Marcar la Biblia hace que sea un libro nuevo para ti. Si en el jardín de la casa de tu infancia tuviste un hermoso árbol, estoy seguro de que lo recuerdas y que lo harás toda tu vida. Marca tu Biblia para que, en lugar de ser seca y sin interés, se convierta en un libro hermoso para ti. Lo que ves causa una impresión más duradera en tu memoria que lo que oyes.

Cómo marcar y qué marcar

Existen muchos métodos para resaltar la Biblia. Por ejemplo, hay gente que usa varios bolígrafos o lápices de distinto color. El negro, para marcar textos que se refieren al pecado; el rojo, para todas las referencias a la cruz; el azul, para todas las referencias al cielo.

Otros inventan símbolos. Cuando hay alguna referencia a la cruz, dibujan una pequeña cruz al margen. Algunos escriben una *E* de Evangelio.

Ten en cuenta que existe el peligro de exagerar con las anotaciones y hacer que tus marcas sean más prominentes que la escritura misma. Si el sistema es complicado, se convertirá en una carga y es probable que te confunda. En este caso, sería más fácil recordar el texto que el significado de tus marcas.

La tinta negra es lo suficientemente buena para todos los propósitos. No uso otra, con excepción de la roja cuando quiero llamar la atención sobre la sangre.

La forma más sencilla de marcar es subrayar las palabras o hacer un trazo junto al verso.

Otra buena manera es reforzar las letras impresas con tu bolígrafo y hacerlas más gruesas. La palabra se destacará como una tipografía más pesada. Utiliza este método con el Salmo 62: remarca la palabra *solamente*.

Cuando una palabra o frase se repite con frecuencia en un capítulo o libro, coloca números consecutivos en el margen junto al texto. Así, en el segundo capítulo de Habacuc, encontramos cinco "ayes" sobre cinco pecados comunes: 1) versículo 6; 2) versículo 9; 3) versículo 12; 4) versículo 15; 5) versículo 19. Numera las diez plagas de esta manera. Cuando hay una sucesión de promesas u órdenes en un verso, es mejor escribir los números pequeños al comienzo de cada promesa. Por lo tanto, descubrimos que Dios le hace una promesa de siete partes a Abraham en Génesis 12: 2-3: 1): y haré de ti una nación grande; 2) y te bendeciré; 3) y engrandeceré tu nombre; 4) y serás bendición; 5) Bendeciré a los que te bendijeren; 6) y a los que te maldijeren maldeciré; 7) y serán benditas en ti todas las familias de la tierra. En Proverbios 1: 22, tenemos 1) los simples; 2) los burladores; 3) los insensatos.

Pon una *x* en el margen sobre las cosas que generalmente se pasan por alto. Por ejemplo, las leyes con respecto a las mujeres que visten ropa de hombre y con respecto a las aves que están empollando en Dt. 22: 5-6, o la comparación entre el sueño del pobre y del rico, en Ec. 5: 12.

También encuentro útil marcar:

1) Referencias cruzadas. En Génesis 1: 1, escribe "Por la fe, He. 11: 3" (porque allí leemos "Por la fe entendemos haber sido constituido el universo por la palabra de Dios"). En Génesis 28: 12 escribe "Una respuesta a la oración, Génesis 35: 3". En Mateo 6: 33, escribe "1 Reyes 3: 13" y "Lucas 10: 42", que ofrecen ilustraciones sobre buscar primero el reino de Dios. En Génesis 37: 7, escribe "Génesis 50: 18", que es el cumplimiento del sueño.

2) Vías conectoras. Es decir, conexiones hechas por líneas finas que atraviesan la página. En Daniel 6, conecta "él te libre" (v. 16) con "te ha podido librar" (v. 20) y con "ha librado" (v. 27). En Salmos 66, conecta "venid, y ved" (v. 5) con "venid, oíd" (v. 16).

3) Variaciones de la versión revisada. Las versiones revisadas pueden traer luz a nuestras lecturas. Por ejemplo, en la versión Reina Valera 1960 (RV60), Marcos 6: 19 dice "Herodías le acechaba", mientras que la versión Reina Valera Contemporánea (RVC), dice "Herodías le guardaba rencor".

4) Palabras que han cambiado su significado. *Comida* por *carne* en Levítico. O donde el español no abarca todo el significado completo del original, como puede suceder con los nombres de Dios.

5) Desafortunadas divisiones de capítulos. El último versículo de Juan 7 dice: "Cada uno se fue a su casa" y el capítulo 8 comienza con: "Y Jesús se fue al monte de los Olivos". Esa división no debería estar.

6) Al comienzo de cada libro, escribe un breve resumen de su contenido, así como el que figura en algunas Biblias al comienzo de cada capítulo.

7) Palabras clave y versos clave.

8) Textos significativos para alguna crisis religiosa en tu vida. Una vez, el reverendo F. B. Meyer predicaba sobre 1 Corintios 1: 9 y les pidió a sus oyentes que escribieran en sus Biblias que ese día habían sido "llamados a la comunión con su Hijo Jesucristo nuestro Señor".

Toma nota

Cuando un predicador cita un texto, márcalo; mientras predica, anota palabras clave al margen, que te servirán para traer a tu mente todo el sermón. Gracias a este método, recuerdo sermones que escuché hace años y años. Todos deberían anotar algunas de las palabras e ideas del predicador para decírselas nuevamente a otros. Deberíamos tener cuatro orejas: dos para nosotros y dos para otras personas. Cuando estés en una ciudad nueva y no tengas nada más que decir, puedes recurrir a tus recuerdos: "Escuché a alguien decir...", y la gente siempre se alegrará de oírte si le das comida celestial. El mundo está pereciendo por falta de buen alimento.

Hace algunos años, mientras estaba en Chicago, escuché a un inglés predicar a partir de un curioso texto: "Cuatro cosas son de las más pequeñas de la tierra, y las mismas son más sabias que los sabios" (Pr. 30: 24). "Bueno, —me dije a mí mismo—, veamos qué harás con estas 'pequeñas cosas'. Las he leído muchas veces". El hombre continuó hablando: "Las hormigas son un pueblo de poca fuerza, pero aún así preparan su comida durante el verano". Estaba diciendo que el pueblo de Dios es como las hormigas. "Bueno —me dije— he visto muchas de ellas, pero nunca una como yo". Él prosiguió: "El pueblo de Dios es como las hormigas porque acumula tesoros en el cielo y se prepara para el futuro; pero el mundo se precipita y olvida todo lo que dijo Dios sobre guardar para nosotros mismos tesoros incorruptibles".

Más tarde, dijo: "Los conejos no son más que un pueblo débil, podrías matar a uno con solo arrojarle un palo; pero son muy sabios, porque construyen sus casas en las rocas, fuera del peligro. Y el pueblo de Dios es muy débil, pero muy sabio, porque se basa en la Roca Eterna, que es Cristo". "Bueno, es verdad: soy como un conejo" —me dije.

Luego, vino el siguiente verso: "Las langostas, que no tienen rey, salen todas por cuadrillas" (Pr. 30: 27). Me preguntaba qué pensaba hacer con eso. Entonces dijo: "El pueblo de Dios no tiene rey aquí abajo. El mundo dijo: 'César es nuestro rey', pero él no es nuestro rey; nuestro Rey es el Eterno Todopoderoso. Las langostas salieron en cuadrillas; el pueblo de Dios hace lo mismo. Aquí hay una cuadrilla presbiteriana, allí una episcopal, por allá una metodista, etc. Pero, poco a poco, el gran Rey vendrá y reunirá a todas estas cuadrillas separadas, y todas serán una; un redil y un pastor".

Cuando escuché esa explicación, me dije: "Soy como las langostas". Mis amigos, estoy tan cansado de este miserable sectarismo y denominaciones, que desearía que todo fuera borrado del mapa.

Por último, dijo: "La araña que atrapas con la mano, y está en palacios de rey (Pr. 30: 28). —Confieso que no me gustó la idea de ser comparado con una araña— Sin embargo, en el palacio del rey, la araña cuelga de su delicada y casi invisible telaraña, mientras observa con desprecio el salón dorado; ella está aferrada a las cosas de arriba. Así mismo, cada hijo de Dios debe ser como la araña, y aferrarse a las cosas invisibles de Dios. Verán, entonces, mis hermanos: nosotros, que somos el pueblo de Dios, debemos ser como las hormigas, los conejos, las langostas y las arañas, pequeños y débiles, pero muy sabios".

Inmediatamente, lo anoté en el margen de mi Biblia. Recordarlo me hace tanto bien hoy como cuando lo escuché por primera vez.

Un amigo mío estaba en Edimburgo y escuchó a uno de los principales ministros presbiterianos escoceses. Había estado predicando acerca del texto "Y todos lo verán" (Ap. 1: 7), y concluyó:

Sí, todos lo verán. Adán lo verá, y cuando lo haga, dirá: "Este es Él, a quien me prometieron en ese oscuro día en que caí". Abraham lo verá y dirá: "Este es el que vi de lejos; ahora lo veo cara a cara". María lo verá y cantará con renovado interés ese *Magníficat*. Y yo también lo veré; y, cuando lo haga, cantaré: "Roca Eterna, fisurada por mí, déjame esconderme en Ti".

Algunos ejemplos adicionales

Dirígete a Éxodo 6: 6-8. En estos versículos encontramos siete acciones de Dios:

- Yo os sacaré de debajo de las tareas pesadas de Egipto
- Yo os libraré de su servidumbre
- Y os redimiré con brazo extendido y juicio razonable
- Y os tomaré por mi pueblo
- Y seré vuestro Dios
- Y os meteré en la tierra [de Canaan].
- Yo os la daré por heredad

Vayamos a Isaías 41: 10. "No temas, porque yo estoy contigo; no desmayes, porque yo soy tu Dios que te esfuerzo; siempre te ayudaré, siempre te sustentaré con la diestra de mi justicia".

- Marca lo que Dios dice:
- Él está con su siervo.

- Él es su Dios.
- El fortalecerá.
- Él ayudará.
- Él sostendrá.

Ahora a Salmos 103: 2: "Bendice, alma mía, a Jehová, y no olvides ninguno de sus beneficios". Si no puedes recordarlos todos, recuerda los beneficios que puedas. En los siguientes tres versículos (Salmos 103: 3-5) hay cinco de ellos:

- Dios perdona todas tus iniquidades.
- Dios sana todas tus dolencias.
- Dios rescata del hoyo tu vida.
- Dios te corona de favores y misericordias.
- Dios sacia de bien tu boca.

Podemos aprender algunas cosas sobre la misericordia del Señor en este mismo Salmo:

1) Su medida: "grande" (v. 8)
2) Su magnitud: "como la altura del cielo sobre la tierra" (v. 11)
3) Su duración: "desde la eternidad y hasta la eternidad" (v. 17)

He escuchado muchos buenos sermones de cada versículo del Salmo 23. Desearía haber empezado a tomar nota sobre ellos hace años, cuando escuché el primero. Cuando andas por los cincuenta años, algunas cosas empiezan a escaparse. Si eres joven, comienza a entrenar tu habilidad de tomar notas de inmediato. Te propongo comenzar con este salmo:

- El Señor está conmigo.
- Debajo de mí hay pastos verdes.
- A mi lado corren aguas de reposo.
- Delante de mí hay una mesa preparada.
- A mi alrededor están mis enemigos.
- Detrás de mí vendrán bondad y misericordia.
- Frente a mí está la casa del Señor.

"Bendigo el día en el que nació el Salmo veintitrés!", dijo un viejo teólogo. Es uno de los salmos que más se ha utilizado de toda la Biblia. Otra perspectiva es la de la certeza. Desde allí, podemos decir que nos habla de una vida feliz (v. 1), una muerte feliz (v. 4) y una eternidad feliz (v. 6).

Veamos tres fragmentos más. Pensemos en otro salmo, el 102: 6-7: "Soy semejante al pelícano del desierto; Soy como el búho de las soledades; Velo. Y soy como el pájaro solitario sobre el tejado". Puede parecerte extraño, hasta que reflexionas que un pelícano lleva su comida, que el búho mantiene los ojos abiertos por la noche y que el pájaro solitario observa. Entonces, el cristiano debería llevar su comida (la Biblia) con él, mantenerse atento y ser buen observador.

Dirígete a Isaías 32 y marca cuatro cosas que Dios promete en el versículo 2: "Y será aquel varón como escondedero contra el viento, y como refugio contra el turbión; como arroyos de aguas en tierra de sequedad, como sombra de gran peñasco en tierra calurosa". Encontramos:

- Escondite del peligro.
- Refugio de la tempestad.
- Arroyos de agua.
- La roca firme.

Los versículos 3 y 4 del mismo capítulo dicen lo siguiente: "No se ofuscarán entonces los ojos de los que ven, y los oídos de los oyentes oirán atentos. Y el corazón de los necios entenderá para saber, y la lengua de los tartamudos hablará rápida y claramente". Tenemos ojos, oídos, corazón y lengua, todos listos para rendir homenaje al Rey de la Justicia.

Ahora vuelve al Nuevo Testamento, Juan 4: 47-53. El oficial del rey escuchó acerca de Jesús y fue a él, le rogó y le creyó. Sabía que su oración sería contestada.

De nuevo: Mateo 11: 28-30: "Venid a mí todos los que estáis trabajados y cargados, y yo os haré descansar. Llevad mi yugo sobre vosotros, y aprended de mí, que soy manso y humilde de corazón; y hallaréis descanso para vuestras almas; porque mi yugo es fácil, y ligera mi carga". Alguien dijo que estos versículos contienen la única descripción que tenemos del corazón de Cristo. Si hay:

- Algo que hacer: es venir a Jesús.
- Algo que dejar: esa es tu carga.
- Algo para llevar: es su yugo.
- Algo que hallar: el descanso para el alma.
- Por último, vayamos a Juan 14: 6. "Jesús le dijo: Yo soy el camino, y la verdad, y la vida".
- Soy el camino; sígueme.

- Soy la verdad; aprende de mí.
- Soy la vida; permanece en mí.
- Para terminar este capítulo, quiero dejarte una lista de sugerencias:

1) No compres una Biblia que no vayas a remarcar y subrayar.
2) Una Biblia con buen espacio entre renglones es más cómoda para escribir comentarios.
3) Toma notas concisas. Por ejemplo: Neh. 13: 18, "Advertencia: no repetir la historia".
4) Nunca marques algo solo porque lo viste en la Biblia de otra persona. Si no te es familiar, si no lo entiendes, no lo anotes.
5) Nunca pases por alto una perla. Trata siempre de captarla. Y márcala.

CAPÍTULO 14:
CADA PERSONA ES IMPORTANTE

El buen trato personal es de vital importancia. Cuántas personas se han perdido del Reino de Dios por falta de seguimiento personal. Es lamentable que pocos miembros de la iglesia estén calificados para tratar con la gente que tiene dudas; sin embargo, ese es el trabajo en el que deberían ayudar de manera más eficiente al pastor. Generalmente, las personas no se convierten por la prédica del ministro, sino en las reuniones donde se ofrece espacio para el intercambio. Quizás, una prédica los despierta; pero Dios suele usar a una persona para señalar el camino de la salvación y llevar a los dubitativos a una decisión. A algunas personas no les gustan las reuniones de diálogo e intercambio, pero están a lo largo de la Biblia.

Cuando Juan el Bautista predicaba, era interrumpido. Sería bueno que la gente interrumpiera al ministro de vez en cuando en medio de un sermón metafísico y le preguntara qué quiere decir. La única forma de asegurarnos de que las personas entiendan lo que estamos diciendo es dejarles que hagan preguntas. Claro que, quienes están acostumbrados a tener todo por escrito, tal vez se encuentren en un aprieto si alguien se levantara y preguntara: "¿Qué debo hacer para ser salvo?". Sin embargo, tales preguntas harían mejor que cualquier otra cosa que pudieras predicar. Despertarían un espíritu de indagación. Algunas de las enseñanzas más dulces de Cristo fueron provocadas por preguntas.

Tres tipos de servicios de la iglesia

Debería haber tres tipos de servicios en todas las iglesias: uno para la adoración, para ofrecer alabanzas y esperar al Señor en oración; otro para la enseñanza, donde no es necesario que haya una palabra para los no cristianos (aunque hay quienes nunca terminan ninguna reunión sin presentar el Evangelio), sino que sean para la gente de la iglesia; y un tercero para predicar el Evangelio. El domingo por la mañana es el mejor momento para enseñar, pero la reunión del domingo por la noche es la mejor para predicar el Evangelio del Hijo de Dios. Cuando lo hayas predicado y hayas sentido el poder del mundo invisible; y cuando haya almas cerca de ser salvas, no digas (como he escuchado decir a veces): "Si hay alguien preocupado, al menos un poco, por salvar su alma, lo espero el viernes a la noche en el estudio bíblico". Para ese momento, lo más probable es que la preocupación haya desaparecido. Sé rápido y háblales antes de que el diablo arrebate la buena semilla. Dondequiera que se proclame el Evangelio, debe haber una expectativa de resultados inmediatos. Estoy seguro de que si ese fuera el caso siempre, la Iglesia de Cristo estaría en un constante estado de gracia.

Hechos 13: 43 dice: "Y despedida la congregación, muchos de los judíos y de los prosélitos piadosos siguieron a Pablo y a Bernabé, quienes hablándoles, les persuadían a que perseverasen en la gracia de Dios". ¿Cuánto habrían logrado Pablo y Bernabé si, apenas terminada la predicación, hubieran enviado a todos a sus casas? Es una verdadera lástima que tengamos miles de miembros de la iglesia que no sirven para extender el Reino de Dios. Entienden de bazares, ferias y costura; pero cuando les pides que se sienten y le muestren a un hombre o mujer el camino hacia el reino de Dios, dicen: "No soy capaz. Mejor que lo hagan los diáconos". Toda la Iglesia debería ser instruida para hacerlo. Una gran cantidad de miembros son simplemente cojos con muletas. Pueden darse cuenta de que son salvos e imaginar que eso es todo lo que los hace cristianos. Pero nunca se les pasa por la cabeza ayudar a los demás. Piensan que llevarse bien entre ellos es suficiente. No tienen idea de lo que el Espíritu Santo quiere hacer a través de ellos.

No importa cuán débil seas, Dios puede usarte; y no tienes idea de la corriente de salvación que puedes llegar a desatar. Juan el Bautista murió joven; pero llevó a Andrés a Cristo, y Andrés llevó a Pedro, y así el río fluyó.

En las páginas finales de este libro, quiero dar algunos consejos sobre cómo transmitir las Buenas Noticias a otros, y combinarlos con tu conocimiento de la Biblia. Todo creyente, ya sea ministro o laico, tiene el deber de difundir el evangelio. "Id por todo el mundo y predicad el evangelio a toda criatura" (Mr. 16: 15) fue la comisión de nuestro Salvador cuando ascendió.

Sin embargo, hay muchos estudiantes de la Biblia que descuidan completamente el mandato. Como esponjas sin fin, succionan el Agua de Vida, pero nunca la imparten a las almas sedientas.

Un líder religioso solía ir a cazar. Cuando su obispo se enteró y lo reprendió, dijo que nunca salió de cacería mientras estaba de servicio. "¿Y cuándo está fuera de servicio un líder?", preguntó el obispo.

Es lo mismo con los cristianos: ¿en qué momento están "fuera de servicio"?

Estar preparado con una promesa para los moribundos, una palabra de esperanza para los desconsolados y afligidos, de aliento para los desanimados o de consejos para los ansiosos es un gran logro. Las oportunidades para ser útiles son numerosas. No solo hay que estar preparados en las reuniones de estudio y en el trabajo en la iglesia, sino en nuestro contacto diario con otros, pues las oportunidades aparecen constantemente. Una palabra, una mirada, un apretón de manos o una oración pueden ser buenos puntapiés para hacer el bien.

Un hombre le preguntó al hijo de un médico: "¿Está tu padre en casa?". El muchacho respondió: "No. Está lejos". El primero insistió: "¿Dónde puedo encontrarlo?". El joven le dijo: "Debería buscarlo en algún lugar donde la gente esté enferma o herida, o algo así. No sé dónde está, pero está ayudando en alguna parte".

Ese debería ser el espíritu de cada seguidor de Jesús, quien siempre hizo el bien.

No somos iguales

Admito que no se pueden establecer reglas rígidas cuando hablas con las personas sobre su salvación. Cada persona es un mundo. Mateo y Pablo eran muy diferentes. Las personas con las que tratamos pueden ser muy distintas. Lo que para uno podría ser medicina, para uno podría ser veneno. En Lucas 15, el hijo mayor y el hijo menor son exactamente opuestos. Lo que habría sido un buen consejo para uno, podría haber significado la ruina para el otro. Dios nunca hizo dos personas iguales. Si nosotros hubiésemos creado a la humanidad, probablemente habríamos hecho a todos iguales, incluso si eso hubiera implicado romper algunos huesos para que todos encajaran en el mismo molde. Pero Dios trabaja de otra forma. En el universo hay infinita variedad. El carcelero filipense requirió un trato particular. Cristo trató de manera diferente con Nicodemo y con la mujer del pozo.

No abuses del testimonio

Un gran error que se suele cometer al tratar con personas que preguntan mucho es contar tu experiencia de conversión. El testimonio tiene su lugar, pero no creo que sea pertinente cuando tratamos con gente llena de dudas, porque intentarán vivir la misma experiencia que tú. Ellos no necesitan vivir tu experiencia, tienen que vivir una propia.

Supongamos que Bartimeo hubiera ido a Jerusalén a buscar al hombre que había nacido ciego y le hubiera dicho: "Dime cómo te curó el Señor". El hombre de Jerusalén le habría contado que Jesús escupió en el suelo y le ungió los ojos con barro. Si esto hubiera sucedido, tal vez Bartimeo nunca hubiera creído. "No te creo. No recuperaste la vista. ¿Qué es eso? ¡Poner barro en los ojos de alguien es ofensivo!".

Ambos hombres eran ciegos, pero no fueron curados de la misma manera. Mucha gente queda fuera del reino de Dios porque buscan vivir la experiencia de otras personas y no se abren a una propia.

Presta atención a cada persona

Es muy importante tratar con uno a la vez. Un médico no te da un solo tipo de medicina para todos los dolores. Debe investigar los síntomas. Una persona puede tener fiebre, otra anginas, y otra tuberculosis. Necesitamos leer la Biblia y también la naturaleza humana.

Es mejor no ir de una persona a otra en una entrevista de consultas, ofreciendo palabras de aliento a todos. Lo más recomendable es reunirse con una o dos por día. Estamos construyendo para la eternidad; podemos tomarnos tiempo. Así, el trabajo no será superficial. Trata de ganar la confianza de la persona y luego tus palabras tendrán más peso. Usa el tacto para abordar cada tema.

Una buena ayuda es dividir a las personas en clases y utilizar pasajes específicos de las Escrituras para cada grupo. Ten cuidado: no uses versículos que hayas leído hasta que tengas perfectamente claro en tu propia mente su significado y aplicación. Aprovecha todas las sugerencias de fuentes externas y recuerda: David no pudo luchar con la armadura de Saúl; el hecho de que algunos textos y pasajes hayan demostrado ser poderosos en manos de otros, no significa que funcionarán igual contigo. La mejor manera es hacer tu propia clasificación y seleccionar textos adecuados. La experiencia te llevará a adoptar algunos o cambiarlos por otros, según las circunstancias. Es preferible que estés familiarizado con pocos pasajes que tener una idea confusa e incompleta de muchos.

La siguiente clasificación puede serte útil:

1) *Creyentes inseguros*; quienes están en tinieblas porque han pecado; quienes descuidan la oración y el estudio de la Biblia; quienes están atormentados por un espíritu; quienes temen confesar a Cristo abiertamente; quienes no trabajan activamente para el Maestro; quienes carecen de fuerza para resistir la tentación y para mantenerse firmes en el momento de la prueba; quienes no demuestran estar creciendo en gracia.

2) *Creyentes que han retrocedido.*

3) *Quienes están profundamente condenados por el pecado y buscan la salvación.*

4) *Los que tienen dificultades de diversos tipos.* Hay muchos que creen que son tan pecadores que Dios no los aceptará; creen que han perdido sus oportunidades y que ahora es demasiado tarde, que el evangelio nunca les correspondió. Otros están frenados por dudas honestas con respecto a la divinidad de Cristo o la autenticidad de la Biblia. Algunos están preocupados por los misterios de la Biblia, las doctrinas, la conversión instantánea, etc., o dicen que han buscado a Cristo en vano, que lo han intentado y han fallado, y temen no poder resistir. Muchos tienen grandes problemas de autoestima.

5) *Los que ponen excusas.* Hay una gran diferencia entre una persona que tiene una razón y otra que siempre tiene una excusa para ofrecer. Las excusas más comunes son que la iglesia está llena de hipócritas; que les costaría demasiado convertirse en cristianos; que no podrían continuar en su ocupación actual; que esperan convertirse algún día; o que sus compañeros los rechazarían si se convirtieran.

6) *Los que no están convencidos de pecado.* Algunos son deliberadamente pecaminosos; quieren "vivir la vida", "tener excesos"; otros son irreflexivos; otros simplemente ignoran a Jesucristo y su obra; y un gran número no encuentra la necesidad de un Salvador porque son justos y confían en su propia moralidad y buenas obras.

7) *Aquellos que tienen creencias violentas o siguen a espiritistas, ateos, agnósticos, etc.*

Cuando vayas a tratar personalmente con alguien, usa tu Biblia. No confíes en la memoria, haz que la persona lea el versículo por sí misma. No uses hojas o libros sueltos. Siempre lleva una Biblia o un Nuevo Testamento contigo.

Es bueno animar a alguien para orar, pero no lo hagas si no está listo. Puede que tengas que hablar con él un par de horas antes de poder orar juntos. Ahora bien, cuando creas que está listo, dile: "¿Le pedimos a Dios un poco de luz sobre este punto?". A veces, unos minutos en oración hacen más por un hombre que dos horas de conversación. Cuando el espíritu de Dios lleva a alguien a estar dispuesto a orar contigo, es porque ya está cerca del reino. Pídele que ore por sí mismo. Si no quiere orar, que use una oración bíblica; haz que la repita. Por ejemplo: "¡Señor, socórreme!" (Mt. 15: 25). Dile a la persona que si el Señor ayudó a esa pobre mujer, también le ayudará si hace la misma oración. Dile que le dará un nuevo corazón si lo pide sinceramente. No le digas que vaya a orar a su casa. Por supuesto que debería hacerlo, pero es preferible que lo haga cuanto antes. Es bueno que escuche su propia voz en oración. Es bueno que grite: "¡Dios, sé propicio a mí, pecador!" (Lc. 18: 13).

Nunca le digas a un hombre que ya está convertido. Nunca le digas que es salvo. Deja que el Espíritu Santo le revele eso. Puedes dispararle a un hombre y comprobar que está muerto, pero no puedes saber cuándo un hombre recibe la vida eterna. No puedes darte el lujo o correr el riesgo de engañar a alguien, pero sí puedes ayudar a su fe y confianza si lo guías correctamente.

Siempre está listo para el trabajo personal. Cuando Francia y Alemania se declararon la guerra, el Conde von Moltke —un general alemán— ya estaba listo. Recibió el mensaje a altas horas de la noche, cuando estaba en la cama. "Muy bien —le dijo al mensajero— el plan de batalla está en el tercer maletín de la izquierda", y siguió durmiendo.

Sé audaz. No te ocupes de aquellos que están una posición de vida superior a la suya; más bien, toma por regla general hablar con aquellos con quienes estás en igualdad de condiciones. De ser posible, no trates intimidades con alguien del sexo opuesto si hay alguien de su sexo que pueda asistirle. Esfuérzate por responder esa pregunta de gran importancia para quienes aún no conocen a Cristo: "¿Qué debo hacer para ser salvo?" (IIch. 16: 30).

CAPÍTULO 15:
RESUMEN DE SUGERENCIAS

Para terminar, quiero dejarte un resumen de las sugerencias que hemos visto a lo largo del libro.

Ten para uso constante una Biblia que puedas llevar a todos lados, una concordancia y una Biblia temática.

Siempre lleva una Biblia o Testamento en tu bolsillo y no te avergüences de que la gente te vea leer en donde estés.

No tengas miedo de remarcar o tomar notas en los márgenes. Marca los textos que contengan promesas, exhortaciones, advertencias a los inconversos y a los cristianos e invitaciones a la familia de Cristo.

Separa al menos quince minutos al día para estudiar y meditar. Este pequeño tiempo tendrá grandes resultados y nunca te arrepentirás.

Prepara tu corazón para conocer la ley del Señor y cumplirla (Esdras 7: 10).

Pídele siempre a Dios que abra los ojos de tu entendimiento para que puedas ver la verdad, y espera que responda tu oración.

Deposita toda carga en el Señor. "No dejará para siempre caído al justo" (Sal. 55: 22). No tengas miedo de buscar una razón para la esperanza que hay en ti.

Cree en la Biblia como la revelación de Dios para ti y actúa en consecuencia. No rechaces ninguna parte porque es sobrenatural o porque no puedas entenderla. Respeta toda la Escritura. Recuerda la propia opinión de Dios sobre eso: "Has engrandecido tu nombre" (Sal. 138: 2b).

Aprende al menos un versículo de la Escritura cada día. Los versos que guardes en la memoria serán maravillosamente útiles en tu vida diaria. "En mi corazón he guardado tus dichos, para no pecar contra ti" (Sal 119: 11). Hay cristianos que pueden citar a Shakespeare y Longfellow mejor que a la Biblia.

Si eres predicador o maestro de escuela dominical, intenta a toda costa dominar tu Biblia. Debes saberla mejor que nadie en tu congregación o clase.

Esfuérzate por ser exacto al citar las Escrituras.

Adopta algún plan sistemático de estudio bíblico: ya sea por temas, por libros o por alguno de los que vimos en capítulos anteriores.

Estudia para saber para qué y para quién se escribió cada libro de la Biblia. Combina el Antiguo Testamento con el Nuevo. Estudia Hebreos y Levítico juntos, Hechos de los Apóstoles y las Cartas; los Profetas y los libros históricos del Antiguo Testamento.

Aprende a usar la Biblia para caminar con Dios en comunión más cercana; también para obtener un conocimiento práctico de las Escrituras y guiar a otros a Cristo. Un viejo ministro solía decir que los textos más descuidados gritaban en sus oídos, preguntando por qué no mostraba cuán importantes son.

No te conformes simplemente con leer un capítulo a diario. Estudia el significado de, al menos, un versículo.

EPÍLOGO

¿Biblia en papel o Biblia digital?

En una nota para el portal BITE, su director, Giovanny Gómez Pérez, nos dice: "Según un reciente artículo de Cristianity Today, más de la mitad de los lectores de la Biblia utilizan algún dispositivo digital. ¿Qué significa esto para los cristianos que, cada vez más, leen la Palabra en pantallas en lugar de en papel? Una encuesta realizada en 2015 por *Journal of Religion* reveló que el 58% mencionó **la facilidad y la conveniencia** como una de las principales ventajas de las **Biblias digitales**". Sumado a los informes presentados, también podemos destacar que la disposición gratuita de la mayoría de estas aplicaciones permiten que los recientemente interesados en el estudio de la Biblia o el cristianismo accedan al texto sagrado sin barreras económicas.

La Biblia sigue siendo la Biblia, ya sea en papel, formato digital, audio o video. La Palabra de Dios tiene poder, independientemente del medio en el que sea transmitida.

Antes de que la Biblia existiera en forma impresa, estaban los manuscritos. Tal vez, cuando Gutemberg inventó la imprenta, algunas personas de la época se preguntaran cuál sería la mejor forma para la Biblia. Es posible que los más conservadores hayan dicho: "No hay nada como los rollos manuscritos". O: "¿Qué va pasar con el oficio de los escribas?". La realidad es que hace años que los medios digitales han llegado para quedarse y, por tal motivo, como sucedió en aquel entonces, debemos preguntarnos si resistirse al cambio es una lucha que vale la pena.

Hay quienes abogan por el uso de la Biblia en papel, citando estudios científicos que muestran que la lectura en el formato digital no ayuda a la retención y concentración en el contenido leído. Muchos de los encuestados por *Journal of Religion* respondieron que probablemente habían leído más la Biblia, aunque, tal vez, menos profundamente. Al parecer, el libro en papel permite a nuestro cerebro una mejor abstracción y profundización de las verdades bíblicas.

Personalmente, creo que muchísimos libros dejarán de imprimirse en los próximos años, aunque posiblemente la Biblia siga siendo el libro más impreso en el futuro. Tenemos una promesa de parte de Dios: "Sécase la hierba, marchítase la flor; mas la palabra del Dios nuestro permanece para siempre." (Isaías 40.8).

No quiero ponerme muy escatológico o apocalíptico, pero creo que la Palabra impresa tendrá un rol fundamental en los últimos tiempos.

Hablando con un amigo miembro del ministerio Gedeón, le compartía cómo los medios digitales cada vez son más controlados y "censurados" por los grupos de pensadores antibíblicos. Sabemos que el anticristo perseguirá a los creyentes en Jesucristo y a todo aquel que se oponga a su gobierno mundial. Durante años, Satanás ha luchado por eliminar, destruir, ocultar y adulterar la Palabra de Dios, pero no ha tenido éxito, y estamos seguros de que nunca lo tendrá, porque Dios ha decidido preservar su testimonio. "El cielo y la tierra pasarán, mas mis palabras no pasarán" (Mateo 24: 35).

Por eso, creo que, durante el tiempo de tribulación de la humanidad, la Biblia será censurada en todo medio digital posible, e intentarán detenerla, aunque jamás podrán destruirla.

Tal vez, la Biblia impresa se vuelva el objeto mas preciado y buscado de los últimos tiempos. Tengo la convicción de que la Palabra escrita protagonizará un rol misionero y evangelístico fundamental, en conjunto a los 144 000 testigos de las 12 tribus de Israel, que estarán anunciando el Regreso del verdadero Mesías (Apocalipsis 22: 18‑ 19).

Este maravilloso, único, singular y sin igual Libro ha transformado y seguirá transformando la vida de las personas de cualquier edad, sexo, etnia, cultura y religión. Porque *"La ley de Jehova es perfecta, que convierte el alma"* (Salmos 19:7) y Su Palabra "Jamas volverá vacía" (Isaías 55:11).

Mientras tanto, los cristianos debemos atesorar, estudiar, enseñar y difundir la Biblia en cualquiera de los medios y formatos posibles, ya que su contenido es el tesoro más precioso que tiene la humanidad. Son más que palabras, es "espíritu y vida", y da "testimonio de Cristo".

1) Gómez Pérez, Giovanny, "La Biblia: versión DIGITAL vs versión en PAPEL", [en línea]. En biteproject.com. 28 de mayo de 2020 [consultado el de 2020]. Disponible en: https://biteproject.com/biblia-papel-vs-digital/

APENDICE DE HERRAMIENTAS DIGITALES PARA EL ESTUDIO DE LA BIBLIA

Les dejamos algunos enlaces para que, los que deseen, puedan probar y descargar para el beneficio y provecho del estudio bíblico.

- **Biblia App**: se destaca su factibilidad de uso, sus recursos, y las múltiples funciones para compartir versículos bíblicos con otros. Puede Resaltar o Marquar sus versículos favoritos, crear Imágenes de Versículo que puede compartir, y agregue pasajes bíblicos a Notas públicas o privadas. Lo más interesante son los planes bíblicos de lectura y devocionales que ofrece y la posibilidad de hacer grupos de lectura online.

  Recurso disponible en: https://www.bible.com/es

- **Gideons Bible App**: en alianza con Faith Comes by Hearing (La Fe viene por el Oír), The Gideons International tiene a disposición la Biblia en formato digital y audio en cientos de idiomas y dialectos, incluso en lenguas de pueblos originarios. Además, incluye versículos para tiempos de necesidad y el plan de Salvación, es una gran herramienta para el evangelismo digital.

  Recurso disponible en: http://gideons.bible.is

- **Sitio web bibliegateway.com**: sitio de referencia y consulta bíblica con múltiples versiones e idiomas. Si alguna vez buscaron en google un versículo o cita bíblica, posiblemente se hayan topado con algún resultado de Biblegateway.

  Recurso disponible en: https://www.biblegateway.com

Herramientas de estudio bíblico

- **Software Bíblico Logos**: es la herramienta mas completa para aquellos que deseen un estudio teológico y profundo de las Escrituras. Incluye Diccionarios Bíblicos, Comentarios, estudios de las palabras en sus idiomas originales y herramientas para el armado de bosquejos de sermones bíblicos.

  Recurso disponible en: https://es.logos.com

- **Bibliaparalela**: Version gratuita de estudio bíblico en línea, interlineal, diccionarios, altas, medidas, concordancias, con la limitación de que debes tener conexión a internet para acceder.

  Recurso disponible en: https://bibliaparalela.com

Si te gustó este libro, agradecemos puedas dejarnos una reseña de este libro, para que muchos otros puedan ser bendecidos a través de esta obra.

También te invitamos a que seas parte de nuestra comunidad de lectores de manera gratuita, a través de nuestro grupo de Facebook. Donde estarás al tanto de los mejores lanzamientos y recibirás premios y contenido gratuito.

El enlace a nuestro grupo de Facebook es:
facebook.com/groups/Ganadordealmas

Aqui dejamos el código QR:

Síguenos para más información de nuestro ministerio en Instagram y nuestro reciente canal de Youtube.

Dios le bendiga grandemente.

Editorial Digital Ganador de Almas

www.ganadordealmas.com

Síguenos en nuestras redes:

Instagram: @Ganadordealmas

Canal de Youtube: Ganador de Almas